UNA VIDA

EN

GUERRA

ARMANDO LENIN SALGADO

Versión con fotografías

Editorial Paradigma

Ramsés Ancira

ILUSTRACIONES DEL HALCONAZO, GUERRILLA Y FOTOGRAFÍA SOCIAL

"los disturbios continuaron, tuvieron que entrar en acción los granaderos y las cosas se calentaron…"

"Rifle en mano, disparaban, desde sus rejas, al interior de la Escuela Nacional de Maestros…"

Tabla de contenido

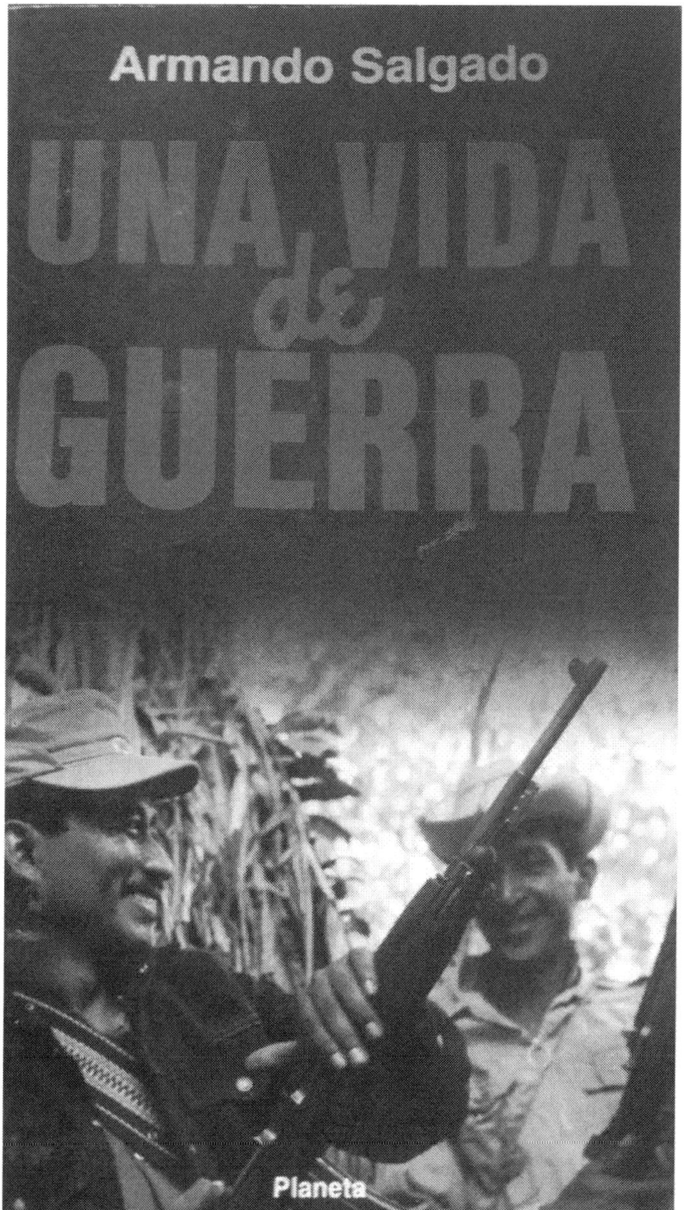
Armando Salgado
UNA VIDA
de
GUERRA
Planeta

De la presentación del libro en la primera edición de Editorial Planeta

"Una vida en guerra es el testimonio de la participación en vivo de la vida en las guerrillas de Colombia. De los triunfos y fracasos. De las luchas que se dan por el hambre y la desesperación a que se ven sometidos los seres en el mundo.

"Una vida en Guerra es el anhelo de encontrar un paraíso donde aterrizar a aquellos como Fabio Vázquez Castaño en Colombia y Genaro Vázquez Rojas en las montañas de Guerrero en México, desearon una mejor vida a su pueblo.

"Pero también es un yo acuso para aquellos personajes siniestros que se dicen demócratas y respetuosos de los derechos humanos".

TODO MI CUERPO ES AGUA HEDIONDA

Salidos de la nada tres individuos con cara de matones me tomaron de los brazos y del cinturón, inmovilizándome materialmente, al tiempo de que me decían con la voz melosa del asesino disfrazado: "Acompáñanos, Armando. . ." Sentí el cañón de sus pistolas en las costillas tratando de levantarme en vilo.

— ¿De qué se trata? ¡Debe ser un error! — grité.

Tres carros repletos de agentes de la temida DIPD, acompañados de un jeep militar, llegaron de inmediato. Alicia les suplicaba que no me hicieran daño, que yo no era delincuente. Alcancé a decirle:

— ¡Llama a la revista, a Carlos Ferreira, a los amigos!

Me aventaron al interior de un vehículo, tirándome al piso, al tiempo que me cubrían la cara con un abrigo andrajoso y sucio, impidiéndome la respiración y quemándome con el cardán del carro. Mientras el coche iniciaba su marcha, me golpearon con toda la saña que es posible maltratar a un ser indefenso. Me asfixiaban y me daban golpes en donde fuera, no importaba el lugar, el caso era hacerme daño.

— ¡Cabrón, hijo de la chingada, conque eres periodista, hijo de puta! ¡Vas a ver lo que es ser periodista con nosotros, hijo de tu puta madre! ¡Te va a llevar la chingada, hijo de la chingada!

Yo no podía respirar, mucho menos responder a la catarata de maldiciones y golpes; pensé que mi vida terminaba. Un sujeto le dijo a otro:

— ¡Destápalo un poco, ya se me puso blandito!

Una fuerte bocanada de aire llenó mis pulmones. Sentí entonces las quemaduras producidas por el cardán, pero a mí lo único que me preocupaba era respirar. "¿Qué será de mis hijos? ¡Estos malditos me van a matar!", pensaba.

No sé cuánto tiempo transcurrió. Recuerdo vagamente que uno de los asesinos le decía al otro:

"Dale de una vez en la madre a ese hijo de puta que quiere pasarse de listo, junto con el hijo de puta del Juan."

— ¡No conozco a ningún Juan. . .! ¡Están equivocados! — les dije.

— ¿No conoces a ningún Juan. . .? ¿Ni tampoco conoces a Alfredo, cabrón? Ya verás si no lo conoces... hijo de la chingada.

— ¿Qué Alfredo? Alfredos conozco varios. . .

—Ya te acordaste hijo de la chingada. . . de Alfredo, tu amiguito puto como tú.

— ¿Alfredo de la Rosa? —dije—. A ese Alfredo sí lo conozco, pero que yo sepa no he hecho nada malo con él, ni con nadie.

— ¡Cállame a ese cabrón hijo de la chingada! ¡Llegando va a cantar más que un pajarito el puto! Conjeturaba, quería adivinar qué pudo haber hecho Alfredo de la Rosa para que con tanta maldad estos ruines y despreciables matones con fuero policiaco me quisieran horrorizar hasta el grado de abandonarme y sentirme un miserable, y que a partir del instante en que caí en sus manos mi existencia ya no valía nada.

Me vendaron, amarraron, arrastraron fuera del auto y me previnieron:

—Con cuidadito cabrón, que si te mueves más vas a dar hasta el fondo del barranco, y todavía tienes que hablar de tu amiguito Alfredo de la Rosa. . .

Escucho caballos que se espantan. Luego empiezan a desnudarme con esmero, como el violador a su víctima, después. . . desnudo, me levantan en vilo, me sumergen. Siento el sabor de aguas sucias, babosas. Me niego a tomarlas. El ansia de respirar me hace tragarlas. Quiero flotar, pero los sujetos me empujan más y más al fondo. Sujetado fuertemente de los pies, como no veo nada, me abandono. Ya nada me importa. Sólo terminar con la pesadilla. Burlar a los asesinos. Me sacan y se burlan que me estoy hinchando, de que mi estómago empieza a crecer.

— ¡Échenlo de nuevo! —escucho fugazmente.

Nuevamente me abandono. Me atraganto y mi mente ve mil colores. Siento que pierdo el sentido, pero no, ¡estoy con vida!, y alguien me "auxilia"' sacándome del agua, que ya sale a raudales por mi boca, nariz, ojos. . . Todo mi cuerpo es agua hedionda. Soy y no soy. Me muevo como si fuera una bolsa, un objeto extraño. Así me siento.

— Dejen que se reponga un poco.

Sigue brotando agua de mí. Vomito, tirado en no sé qué lugar húmedo y frío. Siguen los caballos, que se encabritan, y las voces semiapagadas de mis verdugos, que como si fuese una labor rutinaria me levantan, sacan del agua y comentan que me les puedo "pelar". El frío de la losa me hace reaccionar; deben estar observándome.

— ¡Ya vas a hablar!

— ¿De qué se me acusa? —Balbuceo—. ¿Qué he cometido? ¿Qué cosa he hecho? Yo no he hecho nada.

No sé cómo habré pronunciado estas palabras.

— ¡No has hecho nada. . . No has cometido nada. . .!

La hiena que ladra cerca de mí empieza a patearme. Nada puedo hacer. Estoy vendado y amarrado de pies y manos. El mismo hombre hace que me levanten y me golpea en el estómago hasta que me suelto por completo.

— ¡Límpiale los mocos a ese cabrón!

—Ya diles todo —me susurra un sujeto—, para qué te quieres morir. No seas tonto.

— ¡Qué les digo! ¡Yo no he hecho nada! ¡No sé de qué se me acusa!

— ¡Se está burlando de nosotros el hijo de la chingada! ¡Cómo no se va a acordar de lo que hizo el cabrón de Alfredo!

El nudo del vendaje en mis ojos fuertemente apretado me estaba taladrando la cabeza y, más aún, con el nudo al revés, para que el daño se hiciera inaguantable.

Tres días interminables en que los depravados no podían relacionarme con nada que fuera robo, crimen, violación o lo que fuera. Sólo tenían la esperanza de que yo cantara como ellos habían pensado que sucedería.

Tres días en que me debatí entre la vida y la muerte por no sé qué razones de supervivencia, porque si la vida no tenía objeto y los amigos que consideraba tener "afuera" nada hacían para rescatarme de esos criminales, no tenía sentido que resistiera; nada podría salvarme, a no ser que me declarara culpable de crímenes que nunca había cometido, de robos que jamás había hecho, o de algo tan monstruoso que por eso mismo no lo recordaba.

Tres días en que intenté reflexionar qué había hecho yo que me había llevado hasta ahí. Alfredo, Alfredo de la Rosa, esa era la única acusación y no alcanzaba a comprender qué había hecho Alfredo que yo no supiera, y por lo mismo no podía decirles nada; y ellos arremetiendo con "¡lo que has hecho con Alfredo!", "¡lo que has hecho con Alfredo!" ¿Qué hice con Alfredo? Reportajes, entrevistas, fotos. . . nada malo he hecho con Alfredo. ¡Era inútil!, ellos no tenían nada contra mí y yo no les podía decir nada que los condujera a la pista que ansiaban, porque desconocía el delito que me imputaban.

En ocasiones, se filtraba en mis oídos la voz amable, afectiva, cortés, enternecida de un sujeto al que no veía, que me susurraba "diles de una vez, ya deja de sufrir, ¿qué no te das cuenta que estos cuates son duros?; te van a matar. . . confiesa, no te va a pasar nada, un tiempo adentro y después sales libre. Para qué te quieres morir".

—Por favor. . . aflójenme los nudos, me están matando; mi cabeza la siento hervir.

—Te voy a aflojar un poco, pero no veas, si no me chingan a mí. —Le juro que no voy a ver, pero por favor aflójelos, ya no aguanto.

—Espérate un poco, deja que no me vean. . . Diles todo, para qué te estás aguantando. . . no te van a dejar. Ya ves, tus cuates de la prensa no te ayudan, y tú sufriendo.

— ¿Qué hizo Alfredo? No sé qué hizo. . . Se lo juro, no sé qué hizo. Tiene tiempo que no lo veo, que me digan qué cometió y yo me culpo, no importa que no sea verdad, de todos modos se los firmo y ya.

—Ves, no cooperas y quieres que me arriesgue a aflojarte el nudo para que después me jodan. Así no vas a salir del trance. ¡No puedo ayudarte!

Una y otra vez hablaba conmigo el "monje" (así se les llama en la jerga hamponesca a los agentes que simulan ser menos "duros" con sus víctimas, cuando éstas no ceden a las torturas o bien no encuentran otro medio para hacer "cantar" a la presa), sagaz y afectuoso, cambiaba la tortura por la palabra amable y cordial.

"Convencido" les dije que efectivamente yo había participado en un asalto a un banco en las calles de Guadalupe y Tesoro —vagamente recordé que en ese lugar tuvo efecto tal atraco. Me acuciaron para que les dijera cómo lo hice. Como pude, les narré lo que había leído del asalto, terminando por declararme culpable de haber ideado y planeado absolutamente todo. Al final, se rieron y dijeron:

— ¡No que no! ¿No que sólo eras reportero?

Por fin pareció que descansaría un rato, cuando más tarde llegó otro sujeto, que entró gritando: ¡Este hijo de su chingada madre nos volvió a tomar el pelo!

Al cuarto día, cansados de tanto torturarme y no sacar nada en claro, de lanzarme en lúgubres calabozos, de acostumbrarme a "viajar" quemándome en los pisos de los autos donde me llevaban de un lugar a otro, me quitaron las vendas y me sentaron frente a un individuo de piel blanca, ojos azules o verdes y con una mirada aparentemente bondadosa.

—Armando, yo no te voy a hacer daño, no te voy a torturar. . . yo tengo otros medios para hacerte hablar. . . —me dijo.

Me pareció un sueño que alguien me llamara por mi nombre.

— ¿Ves esta jeringa que tengo? —Me la señaló—, pues con este líquido en unos minutos me vas a decir todo lo que quiero saber.

Inmediatamente le extendí mi brazo para que me inyectara, sin importarme si lo que contenía la jeringa era veneno o algún tipo de droga; para mí ya no tenía importancia vivir o morir, lo único importante era dejar de existir, terminar de una vez con todo.

Me vio tan decidido y tan seguro de mí que soltó la jeringa y dijo con voz resuelta:

— ¿Con quién revelaste las fotos de Genaro Vázquez Rojas?

—Con Alfredo de la Rosa —respondí.

— ¿Y qué más hiciste con Alfredo?

—Nada más.

— ¡Tú eres el cerebro de los comandos para ayudar a Genaro Vázquez con dinero y armas en la ciudad! ¡Tú organizas los asaltos para mandarle dinero! —clamó.

— ¡Si fuera eso, usted no me tendría enfrente, al menos vivo! Nunca me habrían agarrado desarmado e indefenso.

—No, tú no usas armas, tú eres el artífice, el consejero; los otros son los que usan las armas. Tú usas el cerebro para todo. Eso eres tú —decía.

—Gracias por considerarme tan inteligente, señor, pero no es así, y de lo único que me pueden acusar es de haber hecho el reportaje de las guerrillas de Guerrero, con Genaro.

—De eso no te podemos acusar. Estamos en un país libre y tú puedes tener las ideas que quieras, pero de que eres el cerebro sí te podemos acusar.

—Hágalo. Nadie lo creerá. Mis amigos, todos, saben que soy incapaz de presentar doble cara, y si tienen mis credenciales de prensa verán que no sólo trabajo para revistas de izquierda. Le aseguro que nadie creería que yo soy consejero, asesor o como se llame.

— ¿Cómo le hiciste para llegar hasta Genaro? Nosotros tenemos 25 mil soldados buscándolo y ¡tú solito lo encontraste!

Hasta el cuarto sin ventanas donde era interrogado por este personaje llegó un individuo gordo, con un traje verde de mal gusto y gruesos lentes. Apenas vio que yo no estaba vendado se retiró a toda prisa, maldiciendo a los que me quitaron las vendas. Era tarde. Reconocí de inmediato al personaje: Raúl Mendiolea Cerecedo. El jefe de los hampones de la DIPD y de la Judicial.

La interrogación continuó:

— ¿Por qué no nos vendiste el reportaje de Genaro a nosotros?

—No soy espía ni traidor, señor; soy reportero y mi obligación era darlo a conocer como quedé con mi entrevistado, Genaro Vázquez Rojas, comandante de las guerrillas.

— ¿Estás completamente seguro de que no tienes nada que ver en los asaltos y otras pendejadas con Alfredo?

—Completamente, caréenme con Alfredo si no quiere creerlo.

Se me vendó nuevamente y se me trasladó semi sentado en el asiento trasero de un auto hasta los infectos separos del desaparecido edificio de la División de Investigaciones para la Prevención de la Delincuencia, la DIPD, donde como por arte de magia se me quiso resucitar, llevándome alimentos de los que les proporcionan a los bomberos de la ciudad, pero yo estaba materialmente agotado y lo único que deseaba era morir o salir del infierno en que estaba.

Dejé que mi vista vagara por el techo de la celda, respiré hondo y me propuse hacer un recuento de mi vida.

1.- ¿TAXISTA O FOTÓGRAFO DE PRENSA?

Nací un 12 de mayo de 1938 en la ciudad de México. Para ser exacto, en el Hospital General, después de seis meses de convalecer en él o de flojera de mi madre. Y digo flojera porque mi madre no tenía ganas de salir de un lugar donde sí la trataron bien, cosa que nunca le había pasado en sus largos años de asmática. Nací, pues, gracias a los servicios del H.H. General. Mi nombre, según sé, me lo adjudicó mi abuela, porque mi padre quería registrar sólo uno: Lenin. Mi abuela objetó el nombre del gran revolucionario y sugirió el de Armandito, razón por la que finalmente se me quedó el de Armando Lenin Saldado Salgado, que se convirtió en "Armando líos" y otras bromas que enfrenté en mi niñez huérfana de padre. ¿La razón?, una separación que a los cincuenta años no me ha sido aclarada y no lo será jamás, pues mi padre ya murió y mi madre insiste en que ella actuó correctamente.

Sin un padre a mi lado y para ayudar a mi madre, desde niño fui vendedor de todo: periódicos, leche, papayas, y también comerciante en pequeño, mozo de farmacia, chofer. . . hasta llegar al cuarto poder, por quién sabe qué motivos de la vida, suerte o ironía.

Mi primera incursión en la prensa fue gracias a Raúl Prieto, el famoso Nikito Nipongo de las Perlas Japonesas. Le parecieron buenas las fotos que le presenté de unos taqueros y otros vendedores de "comida", que en la más vil anti higiene vendían sus fritangas en las calles de Tacuba y otros lugares. En realidad eran buenas por el aspecto hambriento de los consumidores, quienes sin darse cuenta hacían unas caras que ya hubieran querido actores profesionales. Y de los vendedores ni hablar. Esto me permitió ingresar al cuerpo de fotógrafos de la revista *Sucesos*, de la cual era director Raúl Prieto.

Por cierto, esas fotos de los taqueros fueron hechas con una camarita Yashica comprada en el Nacional Monte de Piedad; di un enganche de $ 80.00 y mensualidades de $ 80.00, y de aval firmó el ya fallecido Miguel Ángel Morado Garrido, quien era fotógrafo ayudante en la S.E.P. y terminó de líder de los trabajadores del D.D.F. en la FSTSE; gran cuate desde que vivíamos en la colonia Estrella y a quien siempre recordaré con sincero aprecio. Pues bien, ese fue el inicio de mi separación como taxista, pesero en las avenidas de Reforma y Tlalpan, trabajo por el que nunca sentí que fuera mi vocación, pues terminaba hastiado de trasladar de un lado a otro a personas que, como yo, sólo íbamos jalando como burros de noria a la vuelta y vuelta. Mi nuevo trabajo, "fotógrafo de prensa", sí que era una profesión, donde ya me sentía "realizado". Estaba eufórico. Trabajaba ruleteando de corrido todo el sábado y el domingo hasta casi terminar muerto el lunes a eso de las tres de la madrugada, para poder ser reportero el resto de la semana. O sea, los sábados y domingos me bajaban de la nube para seguir siendo chofer y llevar la papa a mi prole. De "periodista" no me alcanzaba para completar los gastos ni soñando y eso que yo era uno de los preferidos del señor Raúl Prieto; es más, me llegó a publicar hasta 25 fotos por semana, lo que provocó la envidia de los demás compañeros. Entonces se pagaba a 20 pesos foto publicada, pero como yo no contaba con laboratorio ni cosa que se le pareciera, tenía que pagar 1S pesos por foto revelada. De ahí que muchas veces quedaba contento si salía a mano con los pagos al laboratorio. Me esmeraba en sacar las fotos más cojonudas. Por ejemplo, aquéllas donde los agentes de tránsito mordían descaradamente. En los barrios más tenebrosos andaba tras la caza de escenas de todo tipo; siempre buscaba hacer fotos que tuvieran mucha repercusión dentro del medio político y periodístico, por oportunas, mejor tomadas, artísticas, etc., etc. Eso era para mí lo único que importaba.

La verdad es que Raúl Prieto se convirtió en el medio para salir de la vida de ruletero a la que estaba condenado. No lo olvidaré pues le debo mucho, y creo que nunca le podré pagar.

Mis aspiraciones de ser fotógrafo de prensa nacieron años atrás, cuando vi *La Dolce Vita*, de Fellini, donde los "paparazos" se disputaban el mejor lugar para tomar lo más cerca posible a la súper cuero Anita Eckberg. Esas visiones de la película no se me borraban en ningún momento, y menos aun cuando comparaba mi existencia miserable de ruleta con estar fotografiando esas bellezas. Ahora, después de haber pasado por casi todo tipo de fotografía — prensa, artística, comercial, publicitaria y otras—, sonrío al recordarme yendo tras de esas quimeras.

Naturalmente no todo era amargo para mí. Como yo era de los preferidos del director de *Sucesos*, se me concedió la credencial de prensa de la revista. Las broncas que me aventé sin ella son muchas y no alcanzarían estas páginas para contar las peripecias. En cierta ocasión el "flamante" reportero que me creía ser le saqué una foto a un policía que estaba jodiendo a unas personas. Cuando se dio cuenta se me acercó encabronado y me dijo: —¿Por qué me tomaste esa foto? —Porque soy fotógrafo de la revista *Sucesos*. —Y eso a mí qué. Tú también vas pa' dentro. —Tú no puedes meter a un fotógrafo de prensa por tomarte una foto —alegué.

—Me vale.

Llegamos a la delegación, pidieron mi identificación y como nada más tenía de ruletero me quedé unas horas en las galeras hasta que hablaron de la revista y me sacaron.

Con la credencial en mi poder pensé que un mundo mágico se abría a mis pies. Dejaba atrás el pasado de ser un don nadie, para ser un "señor reportero gráfico". Por fin iba a ser alguien, puesto que por ese entonces *Sucesos* era la revista de mayor importancia en el país. Al menos para mí.

Y como era de esperarse, mi sueño fellinesco se convirtió en lo primero. Después de batallar buscando de día cuanto pudiera ser de interés para ser publicado, tenía que probar qué tanta suerte me estaba deparada con las vedetes.

¡No tengo flash!, era mi grito de desesperación. ¿Cómo pues hacerlo? Como pude, me compré uno que servía menos que un cerillo. Apantallando con tan fenomenal equipo y mi flamante credencial arribé al Teatro Blanquita, ¿a cuál otro en este ranchote que es la ciudad de México? Allí, con cara de mucho mundo y dada la calidad e importancia de la revista que representaba, me mandaron de la puerta de entrada que fuera a buscar a la parte de atrás, sin darme ni el más pequeño saludo.

Hice el gesto más serio que pude y me dirigí a los camerinos de las vedetes de mis sueños fellinescos, pero cuál no sería mi sorpresa cuando descubrí que lo que consideraba ricas y jugosas carnes no eran sino unas pobres viejas flacas, tan pobres como yo y con la ilusión de que al salir al escenario de algo les ayudaría el vestuario de oropel y la mucha pintura con que se embadurnaban la cara. No todas estaban dadas al traste, pero las "buenotas" —las que yo quería ver— ni cazo ni cazuela. Y heme allí, metido en el mundo de corredores y pasillos, de camerinos y tramoyas, de pésimos olores y *encueratrices* decadentes.

Mis primeras fotos "artísticas" le parecieron infames a Raúl Prieto; pero como me estimaba y toleraba decidió publicar un par, que utilicé para mostrar a las menos feas, y convencerlas de que posaran unos minutos en los corredores y lugares menos tenebrosos. Da risa loca recordar cómo sufría al tomar esos esperpentos que tan dignamente se prestaban a posar, y todo porque yo ignoraba que las "buenotas" ya estaban amarchantadas. Posar para un desconocido, ¡ni pensarlo! La verdad es que el flamante "reportero gráfico" no inspiraba más que lástima. Mi vestimenta pobre. El equipo igual. Realmente lo único bueno y de presentación era la credencial nueva que daba el charolazo, gracias a la cual no me negaban la entrada a esos corredores de triste recuerdo y pésimo olor. Desistí de conocer el mundo del teatro. Las vedetes no cooperaron y eso me salvó de ser un mediocre fotógrafo de desnudos. Más adelante tuve mejores oportunidades con las "rorras" en los Estudios Churubusco, sin contar que varios buenos cueros solicitaron mi cámara cuando se percataron de que lo único que me interesaba eran las fotos.

Eucario Pérez, el mejor reportero, y Fernando Mayólo, el mejor fotógrafo, fueron mis tiradas que yo debía superar. Naturalmente estoy hablando de mis predilecciones de trabajo, puesto que en *Sucesos* estuvieron lo mejor de redactores, reporteros, fotógrafos, caricaturistas y editorialistas del país, a los cuales extiendo mis respetos. Al cuatísimo Vadillo, con quien aprendí que la gente era la importante y no las cosas. A don Juan Duch, maestro de inolvidables detalles de sabiduría. Don Rosendo Gómez Lorenzo, maestro de maestros, vegetariano, paciente con los novatos, buena persona que me enseñó a no entregarse sin haber sopesado los pros y los contras, para no recibir desengaños que no pueden superarse.

Víctor Rico Galán, de enorme corazón. Prueba es que ya no pertenece a esta vida. Sólo quedamos los muy cabrones. Rodrigo Moya, perfeccionista, fotógrafo amigo, buen padre, excelente persona. Muchos buenos periodistas, de gran calidad humana, buenos compañeros y otras excelentes amistades a quienes sigo admirando dondequiera que estén.

Mi existencia en esa época, aunque no placentera del todo sí había cambiado notablemente, puesto que de tener amigos en el gremio de los choferes, con los cuales casi no tenía afinidades porque todas las pláticas versaban sobre fallas mecánicas, cuentas al patrón, mordidas a los agentes de tránsito, aventuras más o menos sórdidas y banalidades de la rutina triste, pasé al mundo de la noticia, el reportaje, la aventura, las nuevas caras; les volteé la tortilla entonces a muchos abusivos que no tenían freno para sus perradas. Porque yo pertenecía al grupo de redactores y reporteros de *Sucesos* para todos, grupo sin pelos en la lengua, sin compromisos inconfesables.

Gracias a Raúl Prieto tuvimos la oportunidad de salir del anonimato y de trabajos mediocres o poco imaginativos quienes sólo estábamos esperando una oportunidad de cambiar de ruletero —como yo—, tahoneros, empleados bancarios, a reporteros; y eso sin tener que cursar la universidad. Meses de cambio para mí y mis compañeros que cuajamos ahí y que pasamos posteriormente a otros medios de difusión, alcanzando alturas insospechadas de calidad en escribir y en el progreso personal de cada quien. Pero, como todo tiene un fin, la buena estrella que nos guiaba, Raúl Prieto, entró en eclipse. El rumor de que el director general y dueño de Sucesos para todos, Gustavo Alatriste, quería poner en vez de Prieto a Mario Menéndez Rodríguez, reportero yucateco que había ganado fama en la misma revista por sus denuncias de fraudes y deshonestidades de la región del sureste, se dejó venir como oleada de un día para otro.

Prieto llamó a todos los que él consideró sus mejores cartas y nos presentó la versión de que Mario pretendía ser el subdirector, y que en consecuencia a él no le interesaba seguir siendo el director. Y como dicen, donde manda capitán no gobierna marinero. A pesar de que la mayoría estábamos con él, el rumor se hizo realidad. El sábado, que era día de cobro en la revista, ya estaba una nueva directiva. Prieto ya no era más el director.

Mi mundo, ése que tanto había soñado y que se me estaba realizando se desbarataba como un castillo de naipes.

Al entrar en las oficinas y salas de redacción de mi amadísima revista y fuente de cambio en mi vida, las caras eran otras. Distintas.

Ya no más señor Prieto a quien entregar mis descubrimientos gráficos. Mis garabateados pies de fotos que no necesitaran leyendas porque siempre pretendía que aquéllas lo dijeran todo y prescindir de aclaraciones. Ahora era el "Gordo" Mario Menéndez Rodríguez quien estaba en la oficina de director, y yo ni siquiera lo conocía.

Casualmente llegó Carlos Ferreyra, compañero reportero ex empleado bancario, quien por sus méritos se le tenía en mucha estima. Me dijo: ¿por qué te vas? ¡Quédate! El Gordo es buen periodista y además cuate. ¡Tú no tienes por qué seguir a Prieto! Prieto no tiene problemas de nada para escribir en donde él quiera, pero nosotros. . . ¿a dónde vamos?

Palabras más, palabras menos, dichas en esta u otra forma, la cuestión es que el Gordo Mario salía de su oficina y nos saludó sonriente. Fue todo al mismo tiempo. Yo no conocía a Mario, ni él a mí. Carlos Ferreyra, sin protocolo de ninguna especie, le dijo que yo era bueno como fotógrafo y necesitaba trabajar. Yo, que sólo estaba ahí para cobrar mi última colaboración y despedirme tal vez para siempre de mis sueños de reportero y volver a la ruleteada, sentí que me renacía la esperanza cuando escuché las palabras de Mario: se te puede dar el trabajo de fotógrafo de planta.

(No sé si esto lo entenderá alguien, pero quiero aclarar que durante años me sentí traidor a Raúl Prieto, porque me tendió la mano y no lo seguí como lo hicieron otros compañeros que salieron de la revista con él. Desde aquí pido que se me perdone esta falla humana que tanto daño me hizo.)

Mis relaciones con Mario Menéndez Rodríguez fueron muy buenas desde un principio. El Gordo, conocedor del medio periodístico desde muchos años antes, con su familia dueña del Diario de Yucatán desde hace un siglo, me encomendó trabajos relativamente fáciles y además me permitió montar el "laboratorio" dentro del edificio de la revista. Eso me sirvió para dejar definitivamente la ruleta y entregarme de lleno a ser fotógrafo de tiempo completo en Sucesos para todos.

A las ocho y media de la mañana salía de la casa donde vivía con mis hijos, dos niños y una niña, en el pueblo de San Juanico, para llegar hasta la Calzada al Desierto en San Ángel.

Mis bienes —si a eso se le puede llamar bienes— consistían en una cámara Yashica, sacada del Monte de Piedad, y ahora una ampliadora Federal, comprada también en abonos. Mi ropa, tal vez dos mudas, y mis inseparables tenis que lavaba y retequelavaba para estar siempre limpio. Al menos ya no era taxista.

2. —LA PREPARACIÓN PARA EL COMBATE

La revista dio un giro. De populista con Raúl Prieto, a radical con Mario Menéndez Rodríguez. En el primero o segundo número se publicó la "Guerrilla de Chihuahua". Nadie sabía en México que hubiera gente en armas tratando de cambiar el régimen: Texto de Víctor Rico Galán, fotos de Rodrigo Moya. Los colaboradores de Sucesos nos sentíamos importantes y a la vez vigilados. Empezaron los problemas en serio para Gustavo Alatriste, quien tuvo que mandar imprimir la revista al otro lado, pues aquí no había quien la quisiera hacer. Al menos eso es lo que se sabía. Juan Duch, Rosendo Gómez Lorenzo, Vadillo, Rius, Víctor Rico Galán, Rodrigo Moya y muchos otros grandes, como don Ermilo Abreu Gómez, colaboraban con entusiasmo en Sucesos.

El Gordo, siempre misterioso, solía desaparecer, y cuando regresaba era porque había viajado quién sabe a dónde; el caso es que se publicaba el gran reportaje sobre Fidel Castro, las guerrillas de Guatemala, Venezuela. Y como siempre, él y Rodrigo inseparables.

Mi situación como fotógrafo en la revista era, si acaso, de suplente, o si bien me iba, de hacer guardia para lo que se ofreciera en la redacción. Gratos recuerdos de camaradería del maestro Juan Duch, de don Rosendo Gómez Lorenzo, del cuatísimo Vadillo, que se quedaban a suplir al director viajero. Extrañaba que mis trabajos ya no se publicaran como en la época de Prieto, pero no tenía más alternativa que esperar.

Después de los extensos reportajes de las guerrillas de Venezuela, por encontrarse Sudamérica en efervescencia, la gran incógnita era el paradero del Che Guevara, y todos pensábamos que lo más probable era que Mario diera a conocer su paradero en la revista. Las ausencias de Menéndez eran un misterio. Indescifrable hasta para los de la CIA. Todos nos quedábamos a seguir en la rutina, y ya nos estábamos acostumbrando a aceptar como algo natural que, al llegar Mario, cuanto estuviera preparado terminara en el cesto. Se llenaba la revista de gráficas de Rodrigo. Mi estrella había declinado, me sentía casi casi como el portero.

No recuerdo cuánto duró esto, lo que sí no se me olvidará fue el momento en que me llamó Mario a su oficina, muy solemne, y a la vez misterioso: ¿Tienes buena cámara para portadas? Mi formidable equipo constaba de la Yashica modesta y el flash. Naturalmente no me apantallé. Argumenté que sí, acaso era importante lo que se iba a hacer, necesitaría una 6 x 6 ó 120 mm. Con aire misterioso y mirándome en forma penetrante, me recalcó: ¡Fíjate bien! Vas a trabajar conmigo en un asunto muy delicado. ¡No se lo digas a nadie! Es muy importante que mantengas la boca cerrada. Ni tu mujer, ni nadie, debe saberlo. ¡Ok!, dije apenas. Por dentro estaba que brincaba de gusto.

— ¡Por la cámara y lo que falte no hay problema, busca el equipo y dime cuánto necesitas! — concluyó.

Esa fue mi entrevista con el director de Sucesos, revista que consideraba ya de las mejores del mundo y a Mario Menéndez Rodríguez el más cojonudo reportero que había aquí o en cualquier otra parte.

La verdad y a pesar del tiempo transcurrido en que no he vuelto a ver a Mario, guardo de él un recuerdo de hombre de mucho valor, de redactor pésimo por lo poco ameno en su forma de escribir, pero auténtico en todo. Pocos, realmente pocos, he conocido tan amantes de la aventura como Mario.

Me volví *misteriosón*, aun con los súper cuates de la revista. No comenté nada y a pesar de que me preguntaban de qué se trataba no me sacaron ni media palabra de lo que había entre el Gordo y yo. A los pocos días me llamó nuevamente y volvió a preguntar si comenté con alguien lo que me confió, a lo cual, muy digno, le respondí: ¡Si me dijiste con nadie, es con nadie!

Le dio risa y se relajó. Como ya tenía dos números o más de publicadas las entrevistas con los guerrilleros de Venezuela y no había señales de peligro ni nada que se le pareciera, me reveló que Rodrigo se acobardó en las guerrillas. Hoy, después de tanto tiempo transcurrido y conociendo a Rodrigo, creo que no hubo ni la más mínima pizca de cobardía, lo que pasaba era que Mario es muy temerario y en muchas ocasiones se pasaba de audaz. Hay gente que nos gusta rifárnosla, pero no es lo mismo cámara fotográfica que metralleta enfrente.

En fin, mi oportunidad no la iba a dejar pasar.

Me dio diez mil pesos. Una buena lana. En 1967, ¡mucha lana! Ni siquiera Alicia Cerón Pérez, mi sufrida ex compañera, que me sabía todo, olió ese dinero. Fui tan discreto como me lo indicó el Gordo (era dinero de los guerrilleros y éstos no se andaban con contemplaciones para quien los traicionara); naturalmente salió sobrando tanta recomendación, pero yo estaba feliz y no iba a sentirme por tan pequeña duda de mi persona.

Cuando vi todo ese equipo me sentí el ser más afortunado sobre la Tierra. Sin embargo, no lo podía lucir ni sacar a trabajar porque sólo debería ser usado en el momento preciso.

El gozo se me iba al pozo al transcurrir los días y Mario recomendaba mayor discreción. Me daba menos seguridad de regresar con vida, a disfrutar de lo que ya consideraba algo bien ganado.

Un día me preguntó que si yo podía tomar película de 16 mm. Como siempre, recibió respuesta afirmativa. Naturalmente no iba a dejar que cambiara de compañero. Entonces me explicó que el trabajo se tenía que hacer en América del Sur y que sacara pasaporte con visas a todo

Centroamérica, que estaría en Guatemala un tiempo, tal vez una semana, y de allí iría a Panamá para comprar el equipo de cine.

Esto empezó a darme una idea de la importancia de la misión encomendada. Inmediatamente pensé que iríamos tras la huella del desaparecido Che Guevara. Eso era más de lo que yo soñaba, pero, modestia aparte, era también en lo único que pensaba. Valía la pena dar la vida por un trabajo así. Se me hicieron chiquitos los días. Pasaporte, visas, boletos de avión, equipo faltante, hacerlo todo como si no existiera viaje de por medio. Nadie, absolutamente nadie, ni en la revista ni en el jacal donde vivía, sabían nada. Cuanto compraba era guardado en el laboratorio, disimuladamente.

En la mañana me siguió hasta la reja desvencijada, llorando sin querer dejarme.

De tripas corazón, y todo lo que en ese momento sentí, me presenté en el aeropuerto con un boleto de ruta abierta en la mano para viajar a todo Centro y Sudamérica. Nada tonto, cambié los dólares por cheques de viajero para evitar sorpresas, dado que el cábula de Mario no me dio muchas esperanzas de cuándo saber de él.

Era la segunda ocasión que volaba; los aviones no me inspiraban confianza. Me tocó un 747, en ese entonces los más grandes de Panamá. La primera impresión que tuve dentro del aeropuerto fue el de ser vigilado por un individuo que tenía corte a la bross. Enorme, como de un metro noventa; el clásico agente de la CÍA, me dije para mis adentros; pero como aún no había hecho nada malo, pues qué debería de temer. ¿O sí?

3. — ¡H-K 22! ¡H-K 22! ¡EL ENEMIGO SE ACERCA!

Las azafatas de primera y los alimentos hicieron que olvidara un poco mis preocupaciones. La llegada a Guatemala fue rapidísima. Comprendí que el buen Mario había exagerado cuando aseguró que yo estaría de turista: bajé a las tiendas del duty free para comprar alguna tontería, puesto que hasta ese momento mi honradez llegaba a límites de pendejés. Tres botellas de whisky etiqueta roja por cinco dólares; me parecieron una ganga, y lo son, pues sólo aquí no dejan que los mexicanos probemos bebidas de otros lados sin que sea una sangría. Con mis compras y una buena dosis de optimismo trepé nuevamente al avión, ya más confiado: el Güero ya no estaba y el aparato pareció desocuparse casi por completo.

El arribo a Panamá me tomó desprevenido por el calor, y yo ya estaba estrenando mi traje de lanita. Me sentí en el interior de una estufa. El hotel Holiday Inn no pareció el mejor para mi indumentaria, así que mejor le pedí al taxista que me llevara a uno que estuviera más al centro. No recuerdo cómo se llama este lugar, lo que sí sé es que fue muy buena elección. Las tiendas que vendían cámaras, películas y todo cuanto necesitaba, además de revelar en horas, me quedaron a una cuadra. Engolosiné mi ego al ver equipo de primer orden. Las cámaras Nikon, Canon, Péntax, Rolleiflex, todas las marcas y a precios que aquí ni soñarlos. Compré una Bronica de 6 x 6 en 220 dólares; una Boliu, con un lente formidable 12-120 en mil 500 dólares. Su peso, de un kilo y medio. La estaban usando los mejores camarógrafos y corresponsales de guerra en Vietnam. Una maravilla para mis conocimientos de camarógrafo. Compré también una Bolex de 16 mm más pesada, pero tenía que ser por aquello de si me fallaba una estuviera lista la otra.

Entré en los barrios pobres de Panamá para tomar película y probar el equipo. Después que regresé y me revelaron los rollos, se sorprendieron los de la tienda porque no me hubiera pasado nada, pues (según dijeron) esos lugares eran de lo peor en drogadicción, robos, asesinatos y otras minucias. No cabe duda que cuando le toca a uno, le toca, y así esté uno en la cama o en el lugar más seguro. Pero al pensar que me esperaban las guerrillas, con pocas probabilidades de regresar con vida, como me lo dio a entender el Gordo, ni un pelo se me paró. Desde luego no volví a meterme a ningún barrio de los tenebrosos y dediqué el tiempo, que era mucho, a conocer la zona del Canal. Es lacerante ver las condiciones de vida del pueblo panameño y compararlo con las zonas residenciales de los americanos. Sus bien cuidados jardines se ven tras las rejas; pero las casitas de dos aguas, o casotas, nos llevan a pensar lo mucho que se nos adelantan algunos humanos. Permanecí seis días, tiempo suficiente para conocer toda la ciudad, que en ese entonces me pareció chica y con mucha mercancía que aquí no se conoce.

Pasaba las tardes encerrado en el hotel, leyendo los periódicos locales. Me aburría de lo lindo al pensar que tenía que transcurrir el tiempo hasta que Mario diera señales de vida; al pasar la semana y nada, pensé que lo mejor para mí era acercarme más a Sudamérica. Tomé el avión a Bogotá una mañana y llegué en menos de dos horas.

Al llegar al aeropuerto del Dorado —creo que así se llamaba— debía pasar la aduana con tan formidable equipo, lo cual naturalmente me podía hacer sospechoso; pensando lo más rápido que pude, le dije al aduanero que yo era mexicano y que estaba en plan de conocer las costumbres de Colombia, pero sobre todo las de la Semana Mayor. Al mismo tiempo le obsequié una botella de tequila. Fue el ábrete sésamo.

Bogotá es una ciudad siniestra. Al menos así me pareció, y digo siniestra porque con el modo de vestir de los bogotanos, la mayoría al estilo siciliano, con sus sombreros de fieltro y ropa austera, da la impresión de encontrarse entre puros mañosos. "La pesada", es el nombre de la mafia colombiana. Los periódicos publican diariamente noticias de robos y crímenes de estas bandas. Si en esos años (1967) estaban las mafias en su auge, ahora deben ser tan fuertes como lo demuestra el aumento del narcotráfico y otras noticias que nos llegan de esos lugares sudamericanos.

Nuevamente desobedecía las indicaciones del Gordo y me fui a hospedar a un hotel que era bueno, pero no el mejor. El San Francisco, apenas recuerdo su nombre; es mucho menos que el hotel Tequendama, pero creo que eso me salvó la vida gracias a mí, llamémosle así, intuición.

Llegué a ese hotel por recomendación del taxista que me encontré en el aeropuerto. Mi principal preocupación al arribar a Bogotá era, desde luego, que no sabía a qué ciudad llegaba y que me robaran el valioso equipo.

Manuel no sé qué se llamaba el taxista, el cual me pareció si no muy de fiar al menos tranquilo por su cuerpo bonachón. Trató de ganar mi confianza y como todo buen taxista, platicador, echó el rollo de sus servicios. Como yo estaba fresco en eso de la ruleteada, entendí lo que quería e inmediatamente lo contraté para que me llevara los días siguientes a conocer los lugares más importantes. Para esto, el Gordo me había indicado que trabajara como reportero y a la vez actuara como turista. No era difícil entender que Mario quería lo que yo quería, trabajar y turistear, al puro pelo.

Manuel hizo un servicio inmejorable. Tanta fue nuestra amistad que me llevó a conocer a su familia. Pagaba sus honorarios en forma espléndida. Fui tan espléndido con él, que pensó que lo que yo quería era derrochar el dinero o que era un estúpido. Qué bueno que fui así con este hombre. Más adelante narraré cómo influyó para el logro de mi misión.

Recorrí barrios bajos, zonas pobres de Bogotá; total, dimos la vuelta al derecho y al revés a la ciudad, y por eso digo que nada le pide la "pesada" a los sicilianos. Manuel se dio cuenta del valioso equipo que llevaba, pero con la experiencia de Panamá dejé lo mejor para no buscarle y tan sólo sacaba una o dos cámaras. Lo demás, perfectamente guardado en la administración del hotel. Los días pasaron y de Mario ni sus luces. Empecé a temer que mi buena estrella terminara en un safari fotográfico de muy poca valía. El dinero empezaba a agotarse y, de seguir así, tendría que vender alguna cámara para pagar el hotel. Un día me avisaron de la administración que me habían ido a buscar y que quedaron de hablar por teléfono en unas horas. Comprendí en ese momento que la verdadera aventura daba comienzo.

Trataba de actuar de lo más natural: estaba en Bogotá como un fotógrafo turista. Por lo tanto, hice mis maletas con lo más valioso y sin demostrar la menor ansiedad informé a la administración que dejaba una maleta en mi cuarto (donde guardé todo lo que no me pudiera servir en lugares selváticos). Si tardaba más de cinco días en regresar pedí que me hicieran favor de guardármela en la bodega.

Pasaron las horas y de Mario, nada; dormí, y al otro día, entrada la tarde, llegó el Gordo muy nervioso. Subió a mi cuarto en el piso diez y casi me mienta la madre por no estarlo esperando en el loby. Vaya necedad, me sentí molesto por tan mal empiezo. Alcancé a decir que todo lo tenía listo en la administración. Esto lo calmó un poco y tan sólo dio por respuesta un:

vámonos. En el loby hizo la cara menos hosca mientras me daban mis cosas, pero se le seguía notando que estaba molesto.

Tardamos unos diez minutos en el loby; yo ni siquiera me atrevía a hablarle a Mario, pero me empecé a sentir mal. No sabía qué esperábamos. La tranquilidad de los empleados del hotel me hizo recordar que yo estaba como turista, no como delincuente; entonces, por qué ese malestar de sentir aprensión. Un individuo que ya ni siquiera recuerdo cómo era, llegó hasta nosotros para decirle a Mario que ya estaba todo listo, que saliéramos porque el carro estaba esperando. Rápidamente, en forma poco usual para turistas, abordamos un auto grande y de modelo no muy reciente con dos hombres en su interior, menos tensos que nosotros. Mario no me presentó ni habló una palabra; solamente se limitó a sonreírles. El auto empezó a rodar en forma normal y en media hora estábamos sobre carretera. Serían las seis de la tarde cuando poco a poco comenzaron a relajarse los compañeros del auto, y pudieron asegurarse que no había ningún chivatazo. No lo expresaron en esta forma, pero eso era lo que se entendía; por lo tanto, nuestra actuación desde ese momento sería de personas turistas que íbamos a dar una vuelta conociendo los lugares de más adelante. Toda esa noche viajamos por carretera. Imagino lo bellos que deben ser los lugares que pasamos, por la cantidad de paisajes que vislumbraba a través de las luces en la lejanía y de lo sinuoso del camino. Amanecía cuando llegamos a la ciudad de Bucaramanga. Aquí los compañeros de viaje nos dejaron aparentemente en una terminal de camiones, donde se nos acercó otro compañero para platicar con Mario; yo me limité a observar el lugar.

Parecía una ciudad de clima cálido y no muy grande. Nos llevó en auto a una casa donde aparentemente vivía una familia que no sabía nada de quiénes éramos, por lo que Mario me dijo que permaneciera completamente callado; lo hice porque lo único que deseaba en ese momento era dormir un poco y, si acaso, algo de comer. Dos "compañeros" más llegaron y hablaron con Mario, después me dijo que sacara tan sólo objetos personales. ¡Cómo lamenté esta orden! ¡Cuánta falta me hizo la máquina de rasurar, los frascos de repelente para moscos; pequeños pero valiosos regalos

que llevaba a la guerrilla! Todo se quedó en Bucaramanga. Mi ropa, en fin, todo lo que hasta ese momento llevaba; por indicaciones de Mario debía entregarlo todo, incluido el equipo. Abordamos un auto que nos llevó al aeropuerto de esta ciudad con destino a la zona petrolera de

Barranca Bermeja. Desde el DC-3, volando no muy alto, Mario me explicaba en voz muy baja que esas eran las selvas adonde nosotros íbamos. Abajo, el verde tupido de la selva colombiana se veía interminable. El viaje anterior de toda la noche en auto —sin hablar, comer ni beber— me fue mitigado con un frugal desayuno que nos sirvieron las azafatas. Tenía más o menos 15 días de haber salido de México y, si acaso, había pronunciado un sí o un no, con Mario Menéndez.

Llegamos a la calurosa zona de Barranca Bermeja e inmediatamente tomamos un taxi que nos llevó a un hotel cercano al río. En este lugar extrañé mis cosas personales, máxime que Mario quedó instalado en el otro lado del hotel. Debía permanecer dentro de la habitación a como diera lugar, sin asomar ni la nariz. Dos días en la más completa aburrición. Nada que leer, nada que hacer. . . sólo esperar.

A la mitad del tercer día llegó Mario. Me dice: Vámonos, llegaron los compas. Otra vez la práctica del misterio: salir del cuarto donde estaba, caminar unos cuantos metros y subir a una lancha que espera en la orilla del río bordeado por el hotel. Nuevas órdenes de Mario: debo permanecer callado todo el tiempo. Empiezo a acostumbrarme a mi condición de mudo. La lancha que abordamos es de las rápidas con motor fuera de borda. El arabesco del río es interminable. Las plantaciones plataneras se notan cargadas, algunas bien cuidadas, otras menos, pero hay por todas partes. No recuerdo cuánto transcurre, si acaso un par de horas o dos horas y media, cuando la lancha se orilla y bajamos.

Inmediatamente nos internamos por una vereda. Me limito a seguir al Gordo sin chistar media palabra. Llegamos a una casita como a los 15 minutos. Mario jadea y suda por todas partes. Nos ofrecen café y yuca. La recibo sin proferir una sola palabra. Me doy cuenta que en este lugar ignoran todo lo referente a guerrillas, o al menos fingen muy bien.

E1 descanso de una hora, más varios jarros de café, le devuelven al Gordo su buen humor y se pone a platicar; por mi parte lamento en silencio no tener mis cosas personales, y estar con unos zapatos de tipo minero sin calcetines, por cuyo motivo los moscos empiezan a hacer de las suyas. El calor se siente menos dentro de la casa de palma, fabricada con descansos de bancas y otros asientos al estilo del campo.

Por una vereda aparecen cuatro personas de tipo campesino, que en realidad eran de los guerrilleros más valientes y conocedores de la selva colombiana. Unas auténticas fieras selváticas. Saludan y se toman un café —se consume mucho en estos rumbos para contrarrestar el calor—. El guía que hasta ese momento estaba con nosotros desaparece. Uno de los campesinos nos invita a seguirlos. Echamos a andar por la vereda de donde ellos salieron. Cada momento me sentía más inútil por no llevar nada, ni una sola cámara fotográfica para registrar la enormidad de esa selva que nos empezaba a devorar.

Caminamos durante toda la tarde. Al principio fue por veredas más o menos visibles, después por donde señalaba Ornar, el guía. El anochecer en la selva llega denso; estamos cansados y consideramos que ya estamos a punto de hacer contacto con la guerrilla. La verdad es que apenas estamos acercándonos al punto de contacto. Penosamente, caminamos hasta las tres de la mañana. Mario ya no puede con su alma, pero no protesta; sólo pide agua, porque cafecito ni soñando. Llegamos a un techito de palma en medio de la inmensidad de árboles y estrellas. Nos tiramos a descansar al menos un rato mientras el guía revisa el camino a la guerrilla. Sudados como si nos estuvieran bañando con todo y ropa, aguardamos en el suelo, agotados.

Los moscos se ensañan con los visitantes novatos; mientras se camina en la selva más o menos se defiende uno de los insectos, pero de pronto se detiene el paso para descansar. . . y el banquete que se dan con uno es de muerte. Espalda, piernas, brazos, todo estoy hecho una ruina. La zona está infestada del mosco transmisor del paludismo. Pasamos parte de la madrugada "descansando" bajo el techo de palmar abandonado, soportando los piquetes y espantándolos con las manos. A nuestros acompañantes no parecía molestarles gran cosa el festín. Cansados y agotados terminamos por dormirnos; el tiempo suficiente para descubrir en nuestros rostros y cuerpos, cuando despertamos, los estragos y destrozos. Estábamos tan irritados por los piquetes de los moscos, que no sabíamos en ese momento ni siquiera cómo nos llamábamos.

Este lugar era otra parada más dentro de las muchas que haríamos. No había comido casi nada excepto el café y un plato de yuca, alimento que por cierto me pareció novedoso cuando lo comí por primera ocasión en la casita; después no habría ninguna otra cosa más que yuca y monos hervidos con sal.

Pensando que nada ganaría con protestar por el largo camino recorrido a pie y lo que faltaba, opté por seguir indiferente en lo absoluto a todo tipo de molestias y cansancios.

Por indicaciones de Mario y, según se me dijo, para mi seguridad, tomaría un seudónimo. Amanecí llamándome Ovidio. Ovidio, el poeta del amor. En ese momento lo único que sentía era terror a los insectos.

Al mediodía llegamos a un "claro" ocupado por unos veinte guerrilleros. Salieron a nuestro encuentro previo arreglo con los guías. Veo por primera ocasión a hombres armados. Jóvenes la mayoría.

Juan "N", quien fungía como ayudante del doctor de la guerrilla, no se cansaba de compadecer el lamentable estado en que me encontraba. Me curó lo más que pudo con un algodón medio mojado en alcohol; al menos sentí un gran consuelo en mi irritación. Nos hicimos buenos amigos desde el primer momento y supe por él que los que fueron por nosotros son los más duros para todo, dentro de los grupos. Hasta Mario, que ya había estado en dos guerrillas anteriores, estaba agotado. Sin embargo no protestó en el camino aun cuando su gordura le impedía mayor agilidad. La guerrilla tenía listo el equipo fotográfico que recogieron en Bucaramanga. Me sentí otro, al tener al menos mis armas de trabajo. Al principio se me trató de poner trabas a las tomas gráficas que hacía, pero después de hablar Mario con el líder Fabio Vázquez Castaño, se me dejó en libertad de oprimir el obturador.

La primera noche al lado de un grupo del Ejército de Liberación Nacional, fue diferente a la anterior. Me proporcionaron una hamaca y su respectivo mosquitero. Juan me ayudó a colgar la hamaca. El mosquitero me protegió de los piquetes y sólo escuché a los moscos por un breve momento, pues caí rendido para dormir profundamente.

Al amanecer del segundo día con el grupo guerrillero me presentaron a los jefes. Fabio Vázquez, el mero mero (los demás mandos son algo así como coordinadores); Ramón Vázquez, Juanito "N", Víctor Medina Morón, José Ayala; Manuel Vázquez, Ornar, temible por su aguante y valor; Leonardo, de un metro sesenta —no más de cincuenta kilos de peso—, con la responsabilidad de la alimentación de la guerrilla —vi los monos y otros animales que caza diariamente por montones. A Leonardo le pedí acompañarlo para las fotos y accedió. Con una hojita imita el llanto de un animal en peligro. Corren todo tipo de animales a proporcionar ayuda al "necesitado y débil"; Leonardo está quietecito con la escopeta cargada. Caen animales dondequiera: monos, gallinas silvestres y una fauna que no conozco, pero que descubren el engaño demasiado tarde para ponerse a salvo. Mis sentimientos están a prueba cuando veo cómo las madres monos tratan de proteger a sus hijos, recibiendo ellas todo el plomo y acusando con la otra mano a su asesino Leonardo el guerrillero. Parecían seres humanos en desventaja. Lo más cruel es cuando los monitos bebés se quedan agarrados de la madre a grandes alturas, pues permanecen allí muriendo de hambre y miedo.

Los moscos son el principal enemigo en estos lugares selváticos. Varios guerrilleros están tirados en sus hamacas, víctimas del paludismo. Se me proporciona quinina en grandes dosis, algo así como 16 pastillas diarias. Producen mareos y vómitos, pero no hay de otra: según se dice, aquí la malaria es de lo peor. Han pasado cinco días, me he esmerado en fotografiar todos los aspectos de la guerrilla. No hay ángulo que no haya intentado. Algunos de los insurgentes se cuidan de mí, porque dicen que soy capaz de sacarlos como al tigre de Santa Julia. Una mañana me llamó Mario para anunciarme que habría una acción de la guerrilla, que si quedaba material todavía; le repliqué que no se llevaba gastada ni la mitad. Me explicó que la guerrilla deseaba que yo tomara algo más efectivo que fotos de ellos; que si yo quería hacerlo. Naturalmente yo no podía negarme, en primer lugar, y en segunda, no entendía para qué se me preguntaba.

Se emprendió la marcha de inmediato a la zona donde se iba a desarrollar la acción, que consistía en asaltar un tren pagador militar en Santander. Llegamos al lugar después de cuatro horas de fatigoso caminar, por caminos y veredas más o menos transitables. E1 objetivo se ubicaba en un cañón abierto junto a una loma por donde pasaría el tren pagador, en una hora a más tardar. El calor de este lugar y los moscos estaban haciendo estragos en todos nosotros, quienes teníamos que mantenernos quietecitos para evitar cualquier alerta. Pasaron varios trenes y lo que se temía sucedió: que el tren pagador ya había pasado.

Al anochecer este lugar parecía invadido por enjambres de mosquitos. No nos dábamos abasto para quitárnoslos de la cara y del resto del cuerpo. Fueron momentos de mucho sufrir; temí que volviera

a sentirme como la primera ocasión. Salimos a toda prisa de ese lugar para llegar a media noche a un sitio donde deberíamos descansar.

Estaba rendido. No habíamos comido más que una lata de leche condensada, de las chiquitas; la tradicional Nestlé me mantuvo de pie al menos. Se organizaron las guardias, el gran grupo se dividió en tres por lo menos, quedándome en uno donde casi no conocía a los insurgentes, pero de cualquier modo yo era invitado de honor: se me permitió tender la hamaca en el lugar más apropiado para huir con rapidez en caso de peligro. A las cinco de la mañana volvimos al lugar donde habíamos estado. Esto, en cuatro horas de caminata de ida y cuatro de regreso. La verdad no veía la mía. No entiendo de estrategias guerrilleras. Callo y me someto a lo que venga.

Nos emboscamos en el mismo cañón. Al menos ahora es mejor para mí, porque aguardo en un lugar más protegido de las balas; mi trabajo estaba multiplicado por el buen amigo Mario, quien pidió que para ese momento tomara película de 16 mm para portadas 6x6, fotos en blanco y negro en 35 mm color, etc. En ningún momento pensé que podía morir. Nuevamente empezaron a pasar los trenes de todo tipo, menos el que la guerrilla esperaba. De pronto, por los *walkie talkie* se oyó un desesperado *¡H-K 22! ¡H-K 22, el enemigo se acerca! ¡Todo mundo a sus puestos!* Después de ver a tantos trenes sin que pasara nada anormal, ya me había acostumbrado a verlos igual que esos fotógrafos de fútbol, cuando se ponen atrás de las porterías. Pero de pronto la dinamita hace que la máquina bote de la vía y quede bufando en el mismo sitio, acción que registro en la cámara de 16 mm. Inmediatamente después de aclararse el lugar, los disparos de diversos calibres, más las palabras de ¡ríndanse, hijos de puta! y las leperadas que se oyen en ambos lugares, hacen que mi escondite se convierta en un punto súper vulnerable, por lo que el insurgente que me cuida me arrastra hasta un sitio que él considera seguro, para inmediatamente continuar tirando.

Naturalmente me descontrolé. El Gordo, que me ve empelotado, me hace volver en mí indicándome que lo mejor de la acción es en este momento, que debo sacar muchas fotos para portadas.

¡Agáchate Gordo, te van a dar!, le gritan. Mario, grabadora en mano, está narrando todo el combate. Vuelvo a sentirme responsable del momento, tomo una cámara y otra y otra hasta agotar los rollos que había en ellas. En ese instante me viene a la mente que estoy muy lejos de mi país y que tal vez no salga con vida, después de esta acción. Veo el lugar y me recuerda la zona del río Balsas. El calor, todo, es muy parecido, pero en realidad me encuentro a miles de kilómetros de mi tierra guerrerense.

No hay un solo muerto ni herido por parte de los insurgentes. Los militares que resguardaban el dinero, todos, mueren dentro del tren.

La retirada se hace de prisa pero en forma coordinada. Lo hecho, ya está. Hay júbilo al comprobar que todos están con vida y no hay bajas que lamentar.

Después de tantas horas de ir y venir, por fin alguien se acuerda que la comida nos espera; se trata de monos, pero en este caso les habían agregado jitomate, lo que les dio un sazón que todos consideramos exquisito.

Los helicópteros militares no tardaron ni media hora en estar presentes en toda el área. En ese momento empezaba de verdad la aventura en que me metí.

Con el acicate de ser perseguidos por una fuerza especial militar que nos tenía ubicados en un lugar específico, después del asalto al tren, el momento de movernos de un lugar a otro y poner lo más pronto que se pudiera tierra de por medio entre los militares y la guerrilla, pues de ser cercada en ese momento toda la fuerza militar se concentraría contra ella hasta acabarla.

Caminamos exclusivamente por selva virgen evitando todo tipo de encuentros con campesinos. Ornar, quien tenía la misión de ir en avanzada con otros de los mejores guerrilleros, trazaba los perfeccionados movimientos para el grupo, que en ese momento era uno de cien hombres. Mantener en orden un conjunto de gentes tan grande significaba un esfuerzo fuerte, pero Fabio decidió que lo mejor era no dividirse por si se tenían que enfrentar al ejército.

No habían transcurrido 48 horas después del asalto al tren, cuando por la radio oímos la noticia de que el hotel Tequendama había sufrido un asalto, en donde los atracadores gritaron consignas y vivas del Ejército de Liberación Nacional, mismo que apenas unas horas antes había descarrilado un tren en el departamento de Santander. Eso no era todo. Mario Renato Menéndez Rodríguez, periodista mexicano, había abandonado en el hotel Tequendama todas sus pertenencias desde hacía más de ocho días. Se conjeturaba que Mario podía tener algún papel en el espectacular robo al mismo hotel.

Los cables difundidos por la radio daban por cierto que Mario Renato Menéndez Rodríguez se encontraba en la región selvática entre los ríos Carare y Opón, intentando una entrevista con los insurgentes del ELN, guerrillas de filiación castro-comunistas.

Desde este momento comprendí que mi salida de Colombia sería cuestión de mucha suerte o de un milagro.

No intenté preguntar a Mario por qué todo el enredo de dejar sus cosas en el Tequendama y salir así como así. Total, yo era el fotógrafo que no tenía rostro ni nombre aun por las noticias y eso era hasta el momento lo mejor para mí. Por otra parte, las noticias por radio eran de lo más alarmantes para el pueblo de Colombia: se decía que Menéndez estaba ahí para dar dinero (dólares) a los insurgentes y a la vez inyectarles ánimos para que se lanzaran a acciones de tipo desesperado.

Los días sucedieron a las tardes y a las noches. Las noticias subrayaban la filiación castro-comunista del Ejército de Liberación Nacional, destacando que Menéndez estaba dentro de él con las peores intenciones, como ya había sucedido con el tren pagador asaltado en Santander y el atraco al hotel Tequendama.

Sin embargo, lo más importante era que la Inteligencia Militar Colombiana consideraba la posibilidad de que el Che Guevara estuviera dirigiendo a las guerrillas del ELN en Colombia.

Mi optimismo se transformó poco a poco en apatía por lo que pudiera venir; situación que notaron los del grupo en que me tocó quedarme. Las 16 pastillas de quinina diarias estaban surtiendo efectos nefastos en mi organismo, que ya no soportaba de mañana, tarde y noche la misma alimentación a base de carne hervida de monos, el famoso chocola y la yuca con sabor a rancio. Las caminatas de

30,40 y 50 kilómetros diarios, con el peso de las cámaras a cuestas, aun cuando se asignaba a un guerrillero para que me ayudara, hicieron que bajara no menos de 20 kilos. Se dice fácil, pero al recordarme flaco, mal comido y mal vestido (la ropa era la misma desde la ciudad de Barranca Bermeja), me parecía un sueño muy viejo después de 20 días.

El agotamiento físico y moral, más la falta de interés por lo que hacía la guerrilla, terminaron por hacerme y sentirme aislado. Comprendía que después de haber hecho mi trabajo ya bien poco le podría importar a hombres que estaban en plan rudo.

En verdad mi apreciación no era del todo justa, puesto que a pesar de que en muchas ocasiones les pedí que me dejaran en un lugar cercano a cualquier población y de allí yo vería la manera de salir del país, ellos me pidieron que tuviera paciencia.

Mi fantasía de ser corresponsal de guerra era sólo una pesadilla de moscos, caminatas sin fin en una selva que cada día me parecía más insoportable. Me sentía defraudado, no sabía por qué motivos teníamos que ser descubiertos después de tantos esfuerzos por pasar inadvertidos. De fotógrafo de prensa a extranjero subversivo, asesino.

Quien haya pasado 20 días caminando y sudando hasta empaparse la ropa, sabe cuan mal se siente el cuerpo. El olor se vuelve insoportable aun para los insectos que a estas alturas no dejan de llevarse su dosis de sangre, dejando la irritación en una interminable cadena de escozores.

Bajo este panorama, mi pesimismo creció a tal grado que ya no deseaba comer; me sentía una llaga debajo de las ropas por tanto piquete de moscos y con un olor repugnante de mi cuerpo; molestias que tenía que soportar, si deseaba que los insectos no se cebaran en mí, al tratar de asearme. El Che tardó hasta cuatro meses sin bañarse —se sabía dentro de la guerrilla—, ¿por qué nosotros no íbamos a poder?

Se desató una lluvia monzónica de diez días. Llovía día y noche. Las ropas estaban húmedas, todo era humedad; lo único bueno había sido que los insectos disminuían.

Parecía otro diluvio. La comida de monos empezaba a escasear; latitas chicas de leche condensada, una al día. Las noticias de que estábamos cercados por la tropa no disminuyeron. Fue cuando me vino la nostalgia por el recuerdo de mi familia, de todo lo que había dejado sin siquiera decirles nada. Qué sería de ellos, pues aún estaban pequeños. Pensé en lo mucho que me había hecho falta mi padre. En fin, me acobardé ante el pensamiento de morir en esa selva, alejada miles de kilómetros de mis hijos, y esto lo notaron los guerrilleros, quienes, por necesidad de supervivencia, me aislaron en tal forma que me sentí más solo. No quiero decir que lloraba como una mujer, simplemente mi ánimo de los primeros quince días estaban de patas pa'rriba; y dentro de los grupos rebeldes es intolerable que un miembro demuestre pesimismo, así sea un visitante tomador de fotos. Las náuseas y el escalofrío del paludismo hicieron su aparición. Fue entonces cuando, después de un mes de estar en la selva en forma impreparada, se tomaron medidas para nuestra salida.

En todo este tiempo vi poco a Mario. Él se la pasaba grabando con los principales dirigentes de los grupos y en ocasiones nos dividían en cuatro o más según la necesidad de su supervisión y movimiento. La cama hamaca, el mosquitero y el equipo que llevaba en mochilas, era de lo único que no me separaba para nada. En ocasiones lo revisaba y me imaginaba cuan feliz hubiera sido si lo luciera aunque sólo fuera una vez. En la selva únicamente me servía de peso, pues para ese entonces no había un rollo de película. Casi casi como tener una pistola sin balas. Ahora, después de los años transcurridos pienso que volvería a actuar en la misma forma, antes que nada porque llegar a ser un auténtico revolucionario, rebelde, guerrillero, o como mejor le parezca llamarlo a quien lea esto, es una devoción más fuerte que un sacerdocio. Nadie que no esté convencido plenamente puede soportar hambres, persecuciones, tormentos inenarrables y mil cosas antes que darse por vencidos. Dentro de la guerrilla había personas que preferían ser comidos por los moscos, la malaria, el hambre o los piquetes de víbora antes que caer en manos de los torturadores de la Inteligencia Militar de Colombia.

Con estos pensamientos, nos trasladamos de un lugar a otro dentro de la más espesa selva, sin más afán que evitar al enemigo que al menor descuido nos caería encima, con todo el armamento sofisticado y, tal vez, con el peligro de que no quedara nada de la guerrilla.

Después de 31 días el ejército se dio por vencido. Al fin y al cabo decían: unos cuantos gatos dentro de la selva comiendo monos es poco lo que nos pueden hacer. No me toca a mí juzgar el final de esta lucha, pero la historia de Cuba y Nicaragua demuestran que la explotación llevada a límites de locura por los súper ricos de América, está llegando a su fin.

En plena Semana Santa hicieron los preparativos para que Mario saliera de la selva. Nos despedimos deseándonos encontrarnos en México, nuestro México que tanto añorábamos (al menos yo así lo sentí y mucho más) y felicitarnos por salir de la aventura.

Las noticias de la guerrilla por radio y prensa habían disminuido considerablemente. Los festejos de la Semana Mayor en Colombia, igual que en todo el mundo cristiano, tenía relevancia. Sin embargo, la guardia militar fue cuando más alerta se puso. Estaban en lo cierto, era el momento. Suerte, es a lo único que atribuyo el haber salido de allí.

A los tres días de que Mario dejó la selva, se da la noticia por la radio de que había llegado a la embajada de México, en Bogotá, sorpresivamente. Que de un auto en marcha saltó hasta llegar a las rejas, puerta o lo que sea, y se metió a como dio lugar. En ese momento, sin más ni más, se me avisó que me iba del grupo hasta llegar a donde pudiera tomar el transporte que me llevaría, si tenía suerte, a mi México.

La despedida fue fraternal. Todos sabían que hice lo mejor al tomarles todos los aspectos humanos de esa vida de entrega y persecuciones a que ellos se habían sometido. Fabio Vázquez Castaño, el líder de la guerrilla, me recomendó que no tuviera preocupación alguna, pues yo tenía mucho parecido con la gente de la zona y lo único que debía hacer era hablar lo mínimo para que no descubrieran mi habladito mexicano.

Metí todo el equipo en un costal, y con lazos amarrados a la espalda emprendí el camino con dos muchachos guerrilleros, que vinieron exprofeso de otro grupo. A las ocho de la mañana, abriendo paso a machete, salimos a buscar veredas. No sé si podré describir la emoción que me embargaba en ese momento al saber que si salía me esperaba la vida, y tal vez la fama. Si, por el contrario, no lograba burlar la vigilancia, mi persona no valdría un cacahuate. Al principio mis acompañantes, callados y ágiles; se mantuvieron a mi lado. Acostumbrado a las caminatas pesadas mi paso se mantuvo al ritmo de ellos, pero después tenían que esperarme. Quería llevarme el recuerdo de las inmensas ceibas y el ruido de la selva para que me acompañaran toda la vida. Tenía una gran confianza en que saldría con vida.

Después de caminar y caminar, durante horas, llegamos a caminos de arrieros. Los guías me pidieron que no hablara nada y solamente siguiera el camino; ellos estarían siguiéndome a distancia. Comprendí que los caminos eran vigilados y, de ser encontrado por la tropa, mi suerte estaría echada. Los lazos con que amarré el equipo a mi espalda ya me cortaban los hombros; me sugirieron que lo abandonara, pero eso no cabía en mi mente. Por momentos los dos guerrilleros salían de entre los árboles y me indicaban que me internara en la espesura y callara totalmente. Los ruidos de gente que pasaba por el camino arreando a sus animales se acercaban y se alejaban. Era cuando descansaba del peso de las cámaras, pero entonces los moscos se cebaban nuevamente. Los insectos, cuando uno no se mueve, se hinchan de gusto y de sangre. No había manera de defenderse de ellos puesto que si hacía ruido podíamos ser descubiertos, ya fuera por arrieros o por la tropa, que tenía vigilados todos los caminos y veredas de ese pedazo de selva.

En ocasiones temía estar caminando solo. No veía a los guías por ninguna parte. Entonces trataba de imaginar el momento en que volvería a ver a mis hijos, si lograba sobreponerme a todo. Después de ocho horas, que me parecieron las más largas y pesadas de cuantas he caminado en mi vida, paramos a comer una lata de leche condensada y un poco de yuca, de la que estaba harto. Si nos dirigimos más de 20 palabras en todo el trayecto mis acompañantes y yo, fueron muchas. Sabía que no me podían ayudar con mi carga porque podría comprometerlos, y de allí a unos tormentos para que dijeran todo cuanto sabían de la guerrilla; era mejor que me las arreglara solo. A las seis de la tarde, cuando casi ya no podía caminar, llegamos a un camino donde la selva terminaba y los llanos se hacían largos. Me indicaron que desde este momento ni siquiera me conocían; que yo si acaso los conocí es porque ellos andaban por ese rumbo. Nos separamos lo más que pudimos, uno se quedó más de medio kilómetro atrás y otro adelante, donde casi no lo veía; yo debía seguir el camino. En caso de que viera venir a la tropa el de adelante nos alertaría para que me escondiera como mejor pudiera, y el otro también se perdería; después, donde me quedara, me buscarían para seguir hasta llegar quién sabe a dónde; mientras tanto no podía ni siquiera pensar en encontrarme con nadie. Se hizo de noche y a lo lejos oí el silbido de una locomotora; para estos momentos mis pasos eran peor que los de un borracho. Caminaba de un lado a otro del camino, varias veces caí, pero siempre procuraba que no se maltrataran "mis cámaras".

A lo lejos divisé a una persona de sombrero, pero ya no pude esconderme. Él se me acercó y me ofreció ayuda; no supe qué decir. Entonces me dijo que era compañero, que no temiera nada, que ya había llegado hasta el lugar. Lo seguí a una casita donde me dieron de cenar café y ya no recuerdo qué más porque dormí profundamente. A las cuatro de la mañana me despertó: "Compañero, tiene que irse en tren, está la estación a medio kilómetro de aquí, levántese." Mi cama, la primera cama después de un mes de haber usado la de otates, la sentí tan suave como el mejor colchón. Tomé nuevamente café y se me recomendó que llegara hasta la estación lo más natural que pudiera. Que pidiera un boleto para Bogotá y que tuviera buen viaje.

Mi costal con las cámaras dentro, y la indumentaria de campesino muerto de hambre, incluidas mis llagas, eran tan parecidas en ese lugar, que creo eso fue lo que me hizo pasar completamente desapercibido en el rumbo.

Llegué a la pequeña estación del ferrocarril cuando aún estaba cerrada. Era el único que esperaba el tren a las cuatro y media de la mañana. Pasaron los minutos y como no veía a nadie acercarse me acosté sobre el costal en espera de que abrieran la ventanilla de los boletos. A las cinco de la mañana una tiendita cercana fue abierta por su dueño. Aún estaba oscuro el amanecer, así que me acerqué a ver qué tenía y, para mi sorpresa, el dueño de la tienda vendía cerveza, dulces y golosinas del pueblo.

Como pude, imitando la voz de los lugareños, le pedí una cerveza (pensando para mis adentros que tal vez fuera el último lujo que me daba). Como el tendero no vio nada extraño destapó la cerveza. Tomarla fue para mí lo más cercano a la gloria, después de comer durante 30 días monos hervidos y yuca. Me supo amarguísima, pero mis nervios se templaron y a pesar de que mi rostro de mostraba humildad, por dentro me sentía un león. Envalentonado porque no pasaba nada después de la primera cerveza, le pedí otra y además unos panes, todo con señas, como lo hacen la mayoría de los campesinos cuando se sienten fuera de su medio.

A las cinco y media de la mañana abrió la taquilla el vendedor de boletos. Me acerqué y me formé en la fila que unos campesinos habían empezado a hacer. En ese momento comprendí que era el destino el que me favorecía, puesto que al oír que ellos estaban comprando boletos para un lugar

más o menos cercano, no causaría sospechas si yo también lo hacía. Vi cuánto dieron por sus boletos y saqué lo propio en pesos colombianos (más o menos treinta). No tuve necesidad de hablar: extendí los billetes y la taquillera a su vez me dio un boleto que ni siquiera sabía en dónde me dejaría.

—No hables —me recomendó mucho Fabio Vázquez. Y así lo recordaba en todo instante. Permanecí junto a los campesinos que iban con sus mujeres e hijos pero no entablé conversación en forma alguna. Acostumbrada como está la gente de esos lugares a callar, sólo me observaron pensando quizá en que era un desgraciado más que llevaba el rumbo de ellos.

45 minutos después un destartalado tren llegó pitando a la estación. Los primeros que bajaron fueron los soldados. Todos ellos jóvenes que trataban de hacer caras de muy avezados vigilantes rifle en mano. Al igual que los demás campesinos que cargaban con sus bultos, mujeres e hijos, tomé el costal y subí presuroso haciendo cara de estar más preocupado por encontrar asiento que de tenerles miedo a los caballeros de la tropa.

El boleto que había comprado era de tercera, donde está permito viajar con gallinas y cuanto bulto se puede meter dentro de los vagones. Me senté sin pensarlo más al lado de una señora gorda, que apenas dejaba lugar para mí. El costal no causaba la menor sospecha, todos llevaban bultos. Mi sorpresa fue mayúscula cuando en el asiento de enfrente se sentaron dos jóvenes soldados, quienes con sus rifles entre las piernas comenzaron a chacotear sobre los "hijos de puta guerrilleros", quienes sólo se presentaban en forma cobarde a asesinar indefensos ciudadanos. No sólo fingí cansancio sino que verdaderamente lo sentía, por lo que cerré los ojos e hice que dormitaba.

— ¡Mira, aquí fue donde los hijos de puta mataron a nuestros compas!

—Deja que los agarremos y verás cómo les hacemos comerse los cojones a esos hijos e puta — sostenía el otro.

Me enderecé un poco más y efectivamente estábamos pasando por el lugar donde se dinamitó al tren pagador. Sin mostrar el menor miedo ni mucho menos sorpresa, a pesar de tenerlos enfrente, hice como que volvía a dormitar.

— ¡El hijo de puta del periodista mexicano dicen que ya voló a Venezuela!

— ¡Cabrón, sólo viene a matar gente. Pinche castrista!

En otra parte del tren subieron más soldados y llegó el momento en que me sentí rodeado. La mujer que estaba a mi lado pareció comprender mi miedo o lo intuyó, la cosa es que en un momento hizo como si fuera mi familiar y me llevara consigo.

La radio portátil que llevaba un soldado transmitía en esos momentos las noticias y decía que las filas castro-comunistas se extendían de Venezuela a Colombia. (Estos soldados estaban atrasados de noticias o estaban en plan provocador porque decían que Mario Renato Menéndez Rodríguez, director de la revista Sucesos de México, había llegado a la embajada de México en Bogotá por asalto.) Total, que pasó el de los boletos y los soldados se quedaban mirando a todos los que sacaban sus boletos. Creo que de haber sacado pasaje hasta Bogotá, me hubiera hecho sospechoso. Saqué el boleto de mi camisa caqui campesina, toda mugrosa, sin el menor asomo de nerviosismo delante de los soldados, quienes para este momento se alertaron más; lo entregué al inspector sin decir palabra. En realidad era el juego de la liebre y la zorra. Ellos a pescar al que vieran sospechoso y yo demostrando que no era más que un pobre infeliz que iba con mi costal a buscar trabajo a las zonas de cosecha. Otra cosa hubiera sido si revisan el costal o me hubieran hecho hablar. El problema de estar en esta posición duró más o menos dos horas, tiempo en el cual ellos también dormitaron o hicieron como que dormitaban, la cuestión fue que al llegar a un poblado grande se bajaron y en ese vagón ya no quedó ninguno. Me sentí menos presionado y al pasar un vendedor compré algo de comer, sacando billetes chicos para no llamar la atención, y además sin hablar. Tomaba lo que me gustaba, extendía el billete y esperaba el cambio. A las cuatro horas se me acabó el boleto. El inspector replicó que ya me había pasado del lugar donde debería bajar. Como pude, le dije que iba para Bogotá y se me cobró el resto sin más ni más.

De un clima caluroso pasamos a zonas frías, y yo con una camisa y pantalón de campesino. Al anochecer éramos pocos los pasajeros, todos ateridos de frío aunque quizás yo más después de haber pasado treinta días en selva tropical. Sentí morir de frío y ni a quién decirle véndeme, préstame algo con qué taparme; haciéndome bola, traté de calentarme a como diera lugar, pero nada paraba el terrible frío de la montaña por la que estábamos subiendo. El recuerdo siempre me hace temblar. A media noche se calmó un poco; ya estábamos llegando a la ciudad de Bogotá. A las dos de la mañana arribamos a la estación del tren en la ciudad.

Todas las caras traslucían de sueño; la mía quién sabe, pues mi pensamiento sólo estaba concentrado en cómo llegar y salir de allí, sin mayores complicaciones. Bajé del tren, como los soldados, patrulleros de los trenes. Cargando el costal salí a donde no me hiciera muy notorio; fui a los baños, saqué mis cámaras del costal, las introduje en las mochilas y en una bolsa que llevaba dentro, boté el costal y salí a la calle a parar el primer taxi que pasara. Ovidio murió, ahora era yo.

Llámenle suerte, ayuda de Dios, o como mejor les parezca, la cuestión es que debía salir de allí y mi aspecto había cambiado. Sin el costal, con un poco de agua en la cara, limpias mis botas y una mochila al hombro y otra cargando, me sentí otro. Le pedí al taxista en la forma más simple me llevara al hotel San Francisco. En el loby del hotel estaba, para mi fortuna, el mismo encargado que antes, a quien le había tendido jugosas propinas. Le dije sin darle tiempo a pensar que venía cansado de los festejos de Semana Santa en la iglesia de las minas de sal o algo así, que por favor en la mañana subiera mi maleta que le había dejado encargada en la bodega, al tiempo de extenderle un billete de diez dólares. Llené con toda naturalidad el registro que extendió con mi nombre completo y hasta le pedí un cuarto con vista, cosa que le iba a agradecer mucho. Subí al cuarto, me bañé con agua caliente hasta casi quedarme dormido. Como el peligro no había pasado, a las seis, como relojito, desperté. Tomé el teléfono, pedí nuevamente mi maleta que estaba en la bodega, y algo de comer, fuera lo que fuera.

Dentro de mi maleta dejé el pasaporte, dinero en dólares, ropa nueva y demás accesorios para rasurarme. Volví a asearme y al ponerme la ropa suave tuve una sensación que me hizo sentir nuevamente dueño de mí mismo. Previsor, o tal vez mi ángel guardián, recordé que tenía el teléfono del taxista, el mismo a quien solicité sus servicios antes de adentrarme en la selva. Me reconoció de inmediato, le dije que por favor viniera tan pronto le fuera posible porque necesitaba comprar algunas cosas. Subió a mi cuarto; no sé cómo me vería pero se compadeció y más aún cuando le dije que me habían asaltado, robándome varias cosas valiosas; que enfermé durante una semana en Cali… en fin, gran rollo. Me compró unos zapatos de su gusto, porque era imposible salir con las botas que durante un mes y días me sirvieron en la guerrilla. Salí de compras: llevarles algo a mis hijos era el único pensamiento. Don José, que así se llamaba el taxista, se sentía feliz de estar nuevamente con quien compraba para él y una que otra cosa para sus hijos. Era sábado de gloria, los periódicos teman fresca la noticia del mexicano Menéndez, quien era interrogado por la policía de cómo le había hecho para salir de las selvas colombianas. Pedí a don José que me llevara donde estaba mi paisano Menéndez. Sugirió que llevarme ahí era peligroso y más por ser mexicano, que mejor no le buscara. Naturalmente no tenía la menor intención de meterme en la boca del lobo. Nuevamente mi guardián funcionaba; al final de mi estancia en Bogotá don José me reveló que él había sido un agente del temido DAS (Departamento de Seguridad de Colombia), la Federal de Seguridad de México. Pasé el sábado en febril compra de chucherías y recorriendo la ciudad como un turista cualquiera. Hablé a la compañía Avianca y les expliqué mi deseo de partir para México, el domingo. Se me indicó que no había problema por tener ruta abierta, y que únicamente debería presentarme antes del vuelo de las nueve de la noche.

Sabía la importancia de las horas si lograba pasar desapercibido, y si lograba no ser delatado tal vez saldría ileso de la aventura.

Pasé lo mejor que pude el domingo en el cuarto del hotel, sin pensar en que podría ser detenido de un momento a otro. Sólo con la idea fija de llegar hasta donde estaban mis hijos.

Al acercarse la hora de partir, tenía arreglado todo en tal forma que no se me olvidara nada. Después de tanto sufrir por conservar el equipo no iba a perderlo en el último minuto. Don José, como siempre, me acompañó al aeropuerto; ahí supe por él mismo que había trabajado para el DAS y que tenía especial cuidado con los mexicanos que salían de Bogotá. Temí que mi suerte estuviera llegando a su fin. No podía desbaratarme, no después de haber pasado todo tipo de trabajos y sufrimientos; debía ser fuerte y usar todos los recursos mentales.

Con la mayor naturalidad pedí a don José me asesorara para pasar el trago que se avecinaba. Nuevamente la suerte, Dios o lo que ustedes quieran, hizo que fueran antiguos compañeros de este buen hombre los que revisaran la salida de mi vuelo. Habló con ellos en plan amistoso durante varios minutos, que me parecieron largos, muy largos. . .

A esto y sólo a esto atribuyo que mi suerte no cambiara en el último momento. Parecía de película la salida de Bogotá: el avión se retrasó hasta la media noche por desatarse una tormenta que detenía todo tipo de rutas posibles de aviones. El taxista esperó lo más que pudo, hasta que vio que pasé la zona de migración; ahí se despidió deseándome buen vuelo. No sabe cuánto le agradecí este gesto. Esperé las horas dentro del aeropuerto El Dorado con la calma de los condenados a muerte. A las doce y media, después de cuatro horas de retraso, dieron la orden de abordar. Quienes han visto la película Casablanca, de Humphrey Bogart, sabrán lo que yo sentía.

Arrellanado dentro del avión (para mí, después de lo pasado, era el asiento más exquisito), esperaba que emprendiera el vuelo, y de ahí a otra, a cualquier otra cosa.

Cuando el avión despegó e informaron que estábamos a 30 mil pies sobre el nivel del mar y que tendríamos un vuelo agitado por tormentas, hasta ese momento me vino a la mente que había participado en un asalto a un tren militar, que no tenía manera de salir y, sin embargo, estaba volando a casa; que si no derribaba una tormenta el avión, llegaría con los seres que amaba, aun cuando estuve lejos de ellos sin ni siquiera saber, cuando partí, a dónde iba.

Luego de dormir dos horas desperté cuando sentí que el avión brincaba como caballo. Pensé que sería irónico morirse ahora en accidente aéreo en medio del mar.

"HK-22, HK-22, el enemigo se aproxima." Escucho nuevamente la explosión que saca de las vías al tren y por momentos pienso que el aparato volará en pedazos por la fuerte tormenta.

Termina el baileteo; quedaron atrás los días en que dormía con el zumbido de los mosquitos rondando el mosquitero, el sofocante calor de la selva y las interminables caminatas. Nunca he podido olvidar ese picor de la comezón que dejan los insectos, después de dejar el organismo hecho una llaga. Esa tarde —después del asalto al tren— en que no pensé más que cumplir con mi trabajo, tomé y tomé fotos desde la vanguardia a la retaguardia de la guerrilla, sin sentir cansancio alguno, cosa que los mismos guerrilleros alabaron. Me alejaba del lugar donde sólo me esperaban malos tratos y tormentos si llegaba a caer en manos de los militares. Eso pensaba sin el menor remordimiento. Sin embargo, Mario quedaba en manos del DAS, abandonado a su suerte, y la ayuda internacional de la prensa y la opinión pública, que se habían reblandecido por las noticias de que era un enemigo de la sociedad, le daban pocas esperanzas.

En ese momento nada de eso me importaba, tan sólo ver a mis hijos, abrazarlos.

Sólo ahora, al escribir mis andanzas por esa selva, me doy cuenta de que muchos de los seres que dejé allí también tenían hijos y muchos no los volvieron a ver jamás; porque en esta vida, que se parece tanto a un juego de niños guerreando por tenerlo todo y dejar a los demás sin nada, se cometen las peores infamias.

A mi llegada a México sentí deseos de besar el piso, como lo hacen los condenados a muerte con la mano salvadora.

Cargando con equipo de fayuca enfrenté al aduanal con la mayor tranquilidad que haya visto guardia alguno. En ningún momento imaginé que el individuo que estaba revisando mi equipo pudiera quedarse con él, después del precio que pagué por sacarlo de la selva. Efectivamente, me vio tan decidido y seguro de mí mismo que únicamente pidió mi identificación. En respuesta le extendí un radio de transistores y una crema facial que hacen en Colombia. No quiero que se interprete a los aduanales como malas personas (los hay, algunos, hasta el abuso); el que me revisó parecería adivinar que lo que llevaba lo había ganado a costa de mi vida.

Era la madrugada cuando desperté a mis hijos: los besé y abracé con la ansiedad más emocionante desde que nacieron. Es una lástima que uno necesite de este tipo de vicisitudes para comprender cuánto se puede gozar con ellos.

Tal como me fui, llegué.

4. —CAMIONES COMO BARRICADA

El virus de la selva lo llevaba inoculado en el organismo y tenía que salir a como diera lugar por medio de atroces fiebres, que me tiraban en cama por semanas; pero eso fue después, tiempo después, cuando creí que todo había pasado.

Sobrándome un poco de dinero y después de reportarme a la directiva de Sucesos como sano y salvo, se me concedió permiso para ausentarme una semana más e irme de vacaciones a donde yo quisiera.

Naturalmente, como buen mexicano y mejor guerrerense enfilé hacia mi tierra, donde viví parte de mi niñez: Iguala.

Reencontré a todos mis familiares, a quienes no conté nada de mis peripecias porque no estaba autorizado a decir nada; además, los reportajes no tenían esperanzas de ser publicados, puesto que Mario continuaba detenido en Colombia. Pero qué días tan hermosos pasé en compañía de mis hijos. Al regresar a Sucesos se me informó que la situación de Mario era delicada, pues el gobierno colombiano estaba muy molesto por la acción guerrillera que nosotros fotografiamos y filmamos: debía desaparecer un tiempo prudente y cuidarme lo más que pudiera. Y yo que pensé que estando

en mi México todo terminaría. Volví a las maletas y a tomar otro avión, sin decirles nuevamente a mis seres queridos a dónde me dirigía.

Compré los boletos en Air France y salí una mañana cualquiera con rumbo a París, vía Nueva York. El dinero, en dólares, me fue entregado por don Rosendo Gómez Lorenzo, que en paz descanse. Llegué a Nueva York en tránsito y no tuve oportunidad de conocer siquiera una calle, ¡vaya, ni siquiera Wall Street! Trepado en un Boeing 747, en una lluviosa mañana, arribé a París, tierra de las cigüeñas.

Pero, ¿por qué a París? Simplemente se me envió para que personalmente vendiera a París Match, fotografías de la guerrilla. No se consumó tal venta debido a que nunca llegó el material gráfico como se me aseguró, así que estuve en París de lo más aburrido esperando que esto sucediera. Recibí un telegrama donde se me decía que regresara a México, porque Mario estaba a salvo nuevamente. Mi estancia en esta maravillosa ciudad, quedó envuelta en niebla dentro de mis pensamientos; lo recuerdo con tristeza y espero volver algún día y disfrutarla plenamente. Nuevamente en mi país. Al trabajo de reportero gráfico, me reintegré con mayores bríos.

Los reportajes tuvieron un éxito gris dentro del medio periodístico. Como el tiempo había transcurrido y no estuvieron oportunamente publicados, toda la publicidad a nivel mundial quedó desperdiciada. Esa fama y ese anhelo de sobresalir tuvieron el mismo fin. Se volvieron humo. Marcado por los recuerdos, todo me parecía banal y aun así tenía que seguir jalando. Es cuando me dediqué de nuevo al sueño fellinesco de buscar las rorras o algo que me emocionara. Al menos algo. Tuve suerte con algunas modelos y artistas, entre ellas Isela Vega, quien me dio su amistad dentro del trabajo. Parecía no existir en México ninguna otra, pues sólo sacaba a Isela una y otra vez, hasta que me pararon el alto. En los Estudios Churubusco quise realizar mis ambiciones de buen fotógrafo y allí buscaba todos los días no sólo fotografiar modelos, sino cuanto se me ocurría. En esta forma llegaba a la revista con reportajes gráficos de Tarzán, filmaciones o lo que fuera de interés.

En esa época la Reseña Cinematográfica se realizaba en el puerto de Acapulco, lugar donde se daban cita los mejores filmes y los mejores "cueros" del mundo, para lucir el palmito. Asistí ese año, con todos los gastos pagados por Cinematografía, en el Hotel Maris. La estadía fue buena. Mucho cine, ambiente de todo tipo, con las mejores fiestas que he disfrutado al estilo Fellini, de lo mejor. La experiencia guerrillera me sirvió de mucho para apreciar a detalle el mundo del cine. Mi comportamiento dentro del medio de los fotógrafos "especializados" hubiera sido otro sin mi experiencia "mundana"; total, me sentía autosuficiente por lo que había vivido. Fue bueno en todos sus aspectos, porque también experimenté que lo importante —como decía el buen amigo Vadillo— son las personas, no las cosas.

Otra cosa se pensaba en Sucesos de mis viajes de "placer", porque al regresar de Acapulco (aun cuando estaba mandando fotos y entrevistas) me esperaban en mesa redonda con caras largas dos que tres personajes, entre ellos el director general Gustavo Alatriste, para preguntarme por qué demonios estaba rascándome la panza en Acapulco. Molesto, pero convencido de que siempre estaba justificando la paga, alcancé a decir sin más ni más, que lo que se publicaba en las páginas de Sucesos no lo hacían los Santos Reyes; don Gustavo, que no tiene ni un pelo de tonto, me envió inmediatamente a seguir trabajando riéndose de mi respuesta.

La verdad era que después de las guerrillas, la revista necesitaba algo fuerte que justificase la fama ganada durante un tiempo, pero nuestra estrella estaba en declive: la entrevista con el Che Guevara, que podía sacarla a flote, no fue posible por ningún motivo y los meses se sucedían sin pena ni gloria.

Nuevamente Sucesos cambiaría de director. Mario salió para fundar su propia revista. No me invitó a participar en ella; además, tampoco yo quería salir. Gustavo Alatriste me trató bien, no lo bien que yo hubiera querido, pero sí como a un fotógrafo hecho dentro de su fuente de trabajo.

Nació *¿Por qué?*, la revista de Mario con un gran formato, entrevistas y reportajes de tema internacional y nacional. En ese entonces quienes leían Sucesos, paulatinamente pasaron al *¿Por qué?*

A Alatriste no le gustó nada.

En un principio quedé con Mario de colaborador con su revista, sin menoscabo de mi labor en Sucesos. Esto quedó muy claro y de ninguna manera sentí traicionar a alguna de las dos direcciones. Los trabajos de denuncia, como siempre, eran los que más gustaban a Mario, por lo tanto el *¿Por qué?* empezó a ganar fuerza en detrimento de Sucesos. A mí, que continuaba con don Gustavo me pareció normal, pues los mejores redactores y reporteros se separaron de la revista y a Alatriste no le quedaba otra que aguantar con lo que se quedó.

Las banalidades ocurridas durante los primeros meses de 1968 eran el pan de cada día. Los ricos se hacían más ricos a la sombra de la paz diazordacista, y los pobres continuábamos jalando y apretándonos el cinturón, sin más esperanzas para unos que los hijos crecieran y empezaran a trabajar de lo que fuera, y otros en recibir algún aumento salarial. Las denuncias, tanto en Sucesos como en ¿Por qué?, no causaban más impacto que aquél que produce un molesto mosquito de vez en cuando.

Había transcurrido un largo año desde que regresé de las selvas colombianas y no tenía ninguna oportunidad (de no ser en Vietnam) para volver a las andadas de corresponsal. Mario Menéndez Rodríguez, director de ¿Por qué?, era el único con posibilidades de publicar cuestiones de este tipo, pues contaba con los contactos. Desde luego, los guerrilleros colombianos y otros grupos.

Los reportajes gráficos que más recuerdo son los de Ciudad Nezahualcóyotl, lugar al que le di vueltas y más vueltas y nunca terminaba de descubrir auténticas joyas gráficas. Encontrar una desvencijada caseta de venta de terrenos pantanosos, que anunciaba lotes con todos los servicios: luz, agua, y hasta iglesias; los enmarañados cables de luz, que semejaban telarañas; la entrada al penal de Santa Martha Acatitla, para fotografiar a Demetrio Vallejo y tener la suerte de pasar escondida la cámara. En fin, desquitar a como diera lugar el sueldo; no empolvarme y ser un fotógrafo comodino y mediocre, estaba dentro de mis preocupaciones.

El martes 23 de julio de 1968 en la Ciudadela, al mediodía, se desató una zacapela entre los estudiantes de las vocacionales cinco y dos y los de la preparatoria Ochoterena. Muchos cristales rotos y golpeados (lo mismo estudiantes que transeúntes). El director de Sucesos, Gustavo Alatriste, me preguntó si tenía material gráfico del zafarrancho, a lo cual respondí que no porque no era posible enterarse de los acontecimientos en la revista como sucede en un diario. Se molestó. Al día siguiente los disturbios continuaron, tuvieron que entrar en acción los granaderos y las cosas se calentaron en tal forma, que las fuerzas represivas allanaron las aulas y golpearon y detuvieron a cuanto ser se les puso enfrente. Esto motivó que los dirigentes estudiantiles del Politécnico se lanzaran a una manifestación el día 26 de julio, fecha del aniversario de la revolución cubana, que fuerzas de izquierda tenían planeado celebrar. Ese día está plasmado gráficamente en el número extraordinario de la revista *¿Por qué?*, que en forma por demás oportuna publicó Menéndez. De un terminado cuidadoso en los primeros números de su revista, pasó a papel revolución, con despliegue total de fotos e información que dejó atrás no sólo a Sucesos, sino a toda la prensa gráfica y escrita mexicana.

La placidez de los días pasados se convirtió en una febril etapa de acontecimientos. Los estudiantes bloquearon todas las calles adyacentes a la escuela de San Ildefonso. Las prepas uno y tres» así como las arterias cercanas, fueron cerradas con autobuses urbanos. No se le permitía el paso a ninguna persona, si no se identificaba plenamente. Era para evitar que los agentes se infiltraran dentro del estudiantado. Yo tuve mucha suerte de que los estudiantes me permitieran pasar y hablar con ellos para conocer sus peticiones, donde ya era casi un campo de batalla. En las calles de González Obregón había autobuses quemados, destruidos en su totalidad. Unos fueron utilizados para formar barricadas; otros, hasta para eso quedaron inservibles, a mitad de la calle. Total el estudiantado del IPN, la UNAM, Chapingo y demás, se tornó, de un día para otro, rebelde al gobierno ante la brutalidad policiaca desplegada por el cuerpo de granaderos, al mando del honorable Raúl Mendiolea Cerecedo y el comandante Frías, personajes inolvidables a quienes los mexicanos mucho debemos por sus tormentos canallescos, como los del famoso pocito, que yo mismo padecí.

Tres eran las peticiones para que acabara ese estado de anarquía en que, sorpresivamente, nos vimos envueltos los capitalinos:

I.   Destitución del jefe y subjefe de la policía del Distrito Federal, general Luis Cueto Ramírez y Raúl Mendiolea Cerecedo.

II.   Libertad para los estudiantes detenidos.

III.   Responsabilización policiaca con castigo, e indemnización para los afectados durante los encuentros policiacos.

Me tocó ser a mí el que diera a conocer por primera vez las peticiones hechas al gobierno por los estudiantes, que estaban atrincherados en la prepa uno y tres de San Ildefonso. Lo recuerdo muy bien, porque al llegar al zócalo y pretender entrar hasta donde estaban, impedían el paso un grupo de chavos, obstruyendo mi trabajo por más que, credencial en mano, les pedía que me dejaran pasar. Cuestión de suerte o de que Sucesos aún tenía pegue debido a los reportajes publicados; la cosa es que después de un tiempo de forcejeos y aclaraciones, conducido por un grupo de ellos, recorrí — aunque no me dejaron tomar fotos al principio— las calles que estaban cerradas al grueso de la gente, y más aún, a policías.

Dentro de la escuela había todo tipo de estudiantes, desde los más exaltados, hasta los que en forma comedida me enseñaron los primeros acuerdos que se habían tomado. Era un pandemónium. Sobre todo porque los provocadores son gente ignorante, pero con el afán de sentirse muy por encima de todos. Eran los que más camorra metían. Por momentos me rodeaban con intenciones de agredirme y quitarme las cámaras, pero otros intervenían y la cosa se calmaba. A duras penas me permitieron tomar unas cuantas fotos del lugar, que resultaban ser una primicia. Al salir nuevamente de la zona "controlada" (a un lado de Catedral, esquina con Palacio Nacional), nuevamente fui rodeado, como en rueda de prensa; ahora por periodistas y agentes de seguridad que se hacían pasar por reporteros, para obtener información de lo que había visto y tomado. Protegí el material gráfico, cuyo rollo ya escondía en los calcetines. No me iba dejar ganar la primicia así como así. Únicamente solté las tres peticiones que se solicitaban y me fui lo más pronto que pude. Esa noche el ejército, en una actitud inusitada por lo impensable, lanzó un bazucazo al venerable portón de la preparatoria, hecho que determinó cómo serían los meses por venir.

Nadie a partir de esos días sabía a qué atenerse. Todas las escuelas entraron en huelga indefinida. La revista *¿Por qué?*, por la fuerza de los reportajes gráficos y escritos, se convirtió en el medio de más credibilidad para el pueblo y el estudiantado; la prueba de ello es que se distribuía dentro de los planteles al costo de $2.50 y desaparecía.

Sucesos no dejaba de ser un medio confiable para un gran público. Naturalmente los que estábamos dentro hacíamos todo lo posible por destacar cada quien en lo suyo, pero fuimos frenados por Gustavo Alatriste, quien luego de ser un admirador de las guerrillas sudamericanas y editor con ideas progresistas, paró en seco todo tipo de comentarios adversos al gobierno. No quiero decir que de la noche a la mañana Sucesos dio el cambio a "prensa vendida", como denominaba el estudiantado a todos los medios de información. Simplemente sufrió una parálisis de información en sus páginas, y no era porque ésta faltara. El Gordo se lanzó con todos los hierros y eso nadie lo podía discutir. Sólo el *¿Por qué?* era confiable y eso le mereció ventas enormes, y fama, a partir del movimiento estudiantil del 68, que aún hoy a los estudiosos y bibliotecarios les puede constar. Como se esperaba, mi salida de

Sucesos era un hecho: la revista no estaba interesada en el movimiento estudiantil más allá de meras notas, aun cuando el movimiento representaba en la vida del país un enorme peso; y yo me la tenía que rifar solo, porque ni estaba dentro de la prensa permitida (la de las filas oficiales), ni la otra.

Así, con información de primera mano, de los estudiantes y uno que otro dirigente, mi labor se llegó a convertir en agotadora e inútil, porque no veía publicado lo que conseguía con tantos trabajos. Lejos de ese tiempo, comprendo por qué Sucesos dio marcha atrás en momentos decisivos de su vida editorial. ¿Por qué se contuvo si venía siendo lo mismo leer los reportajes de las guerrillas o participar dentro de ellas? Una cosa es criticar a lo lejos; otra desde dentro.

Don Gustavo Alatriste me llamó a su oficina para preguntarme qué pasaba, por qué no daba de mí lo mejor, como siempre lo había hecho. Respondí que no podía arriesgar mi vida para que solo alguien lo viera. Esto molestó al señor Alatriste, quien por medio de su ayudante principal desde ese momento preparó mi salida de la revista, con el mínimo de tolerancia y de indemnización.

Lamenté irme de la revista, de la cual no me quise separar a pesar de que desde un principio pude haberme ido con Mario Menéndez al *¿Por qué?* y no lo hice por el enorme cariño que sentía, y aun hoy día siento por ella, aun cuando ya haya desaparecido.

No quedé como el perro de las dos tortas, porque a Alatriste le pareció conveniente que me quedara a colaborar como en la época del señor Raúl Prieto. Ahora ya no tenía el compromiso con nadie, ni en *¿Por qué?* ni en *Sucesos*. Me quedé como free lance.

Como pude, con lo que alcancé a recibir (dos meses de salario pagados a plazos), monté un pequeño laboratorio en lo que fuera el baño de mi casa en

San Juan Ixhuaiepec. En esos días no alcanzaba todavía a comprender el cambio económico que tendría que pasar.

No más sábados recibiendo el salario "remunerador". Ahora, si bien me iba, tendría que esperar a que fueran publicados mis trabajos. Con Mario se encontraban saturadas las buenas vacantes y ni pensar en pedirlo; por lo tanto, era paradójico que saliera con mi cámara a denunciar las miserias de mi pueblo, y que no empezara por la mía.

Fui empobreciendo más y más, sin saber qué hacer para remediarlo. No importándole a nadie, pasé casi los tres años intentando hacer contacto con el profesor Genaro Vázquez Rojas, quien se encontraba en las montañas de Guerrero levantado contra el gobierno.

Uno de los hechos que me benefició en este tiempo de pobreza, fue sin duda el encarcelamiento de Mario Menéndez, en la Penitenciaria de Lecumberri. Por la gran necesidad de la revista, y la una, pasé a formar parte del cuerpo de reporteros (sin planta, ni sueldo alguno fijo) remunerado por material publicado.

No precisaría ahora por qué la Federal de Seguridad detuvo a Mario. Lo que sí recuerdo es que estando Carlos Ortega y yo en la ciudad de Durango, en gira de trabajo que nos encomendó Roger, hermano de Mario, supimos la noticia de la detención y desaparición del director de la revista *¿Por qué?*, a la que nosotros en ese momento representábamos. El secuestro lo perpetraron unos desconocidos que, con lujo de fuerza, lo subieron a un auto seguido por otros.

Carlos no lo podía creer y no había manera de comunicarnos con Roger Menéndez, que fue el que dio la alarma.

Regresamos inmediatamente a México, donde Carlos Ortega se hizo cargo de la redacción de la revista y a mí se me encomendó continuar con lo planeado.

Mario apareció preso y consignado por delitos de conspiración, invitación a la rebelión, asociación delictuosa, fabricación de bombas y artefactos explosivos, etc.

En el número 87 de la revista *¿Por qué?*, publiqué en un recuadro que Nassar, el director de la Federal de Seguridad, a las órdenes de Mario Moya Patencia, Secretario de Gobernación, se ocupó de callar las voces que molestaban la "paz" echeverrista, entre ellas la del buen Mario Menéndez Rodríguez. A partir de ese momento, mi suerte de fotógrafo pasó a ser la de un reportero gráfico que tenía que salir avante, con una revista que tendría a su Director General durante un buen tiempo a la sombra. No es mi intención justificar —lo que ya fue juzgado por la opinión pública— la situación de Mario, sólo creo que el Gordo actuó conforme a sus convicciones y salió lo mejor librado que le fue posible.

5. —MIS ANDANZAS POR LA REPÚBLICA

Mis recuerdos de escritor, semana a semana, se remontan a los indios tarahumaras de la sierra de Chihuahua. Lugar adonde me dirigí en busca de verdades qué denunciar, "palpar sobre el terreno la forma paupérrima en que viven los tarahumaras; contemplar esa miseria lacerante sin poder hacer nada para remediarla provoca una sensación de culpa", escribía en el número 92 de la revista. Fue el inicio de lo que llamaría un auténtico descubrimiento de mis posibilidades como reportero. A Carlos Ortega, que en paz descanse, debo lo mucho que se le adeuda a un corrector de estilo, cuando uno comienza a escribir. Me tuvo paciencia y animó a seguir adelante en la tarea de escribir y fotografiar sin fijarme en la novatez, pues ya "habría tiempo para que lo hiciera bien".

Encomiendas en la Tierra de Zapata

—Nosotros arreamos parejo. Todo el que quiere venir a cortar caña es traído sin distingos. Ese gentío que usted ve lo trajimos de Cuchamala, Guerrero y sus inmediaciones. El ingenio Emiliano Zapata facilitó tres autobuses y tres camiones de redilas. Llegamos en noviembre y para mayo regresamos todos a nuestra tierra.

Rodeado de mujeres y niños de vientre prominente y escuálidas piernas, habla Nicolás Hernández, cabo del ingenio de Zacatepec, al amparo de una casucha que despide bocanadas de aire ardiente desde su interior.

Pregunto al cabo Hernández si no se ha gestionado la construcción de viviendas para los cortadores de caña y su prole.

—Sí, ¡pero no hemos tenido suerte!

Interviene Abel Borja Carreño, peón:

— ¡Llegamos inservibles! El viaje desde Paseo de Arena (cerca de Ciudad Altamirano, Guerrero), a bordo de camiones de redilas, duró 16 horas. Los que más sufren son los escuincles, quienes con el calor y el zangoloteo del carro se ponen muy enfermos. Pero como en nuestro pueblo no hay qué comer durante la cuaresma, pues ni modo de dejar a las criaturas. Viajamos peor que animales, cuerpo con cuerpo, sudor con sudor, los cien pesos que nos prestan los cabos apenas alcanzan para las medicinas que les damos a los chamacos. . . luego, al llegar, todos tenemos que salir de estampida, porque el que no alcanza un lugar debajo de las galeras tiene que hacer su covacha con hojas de caña y ésa sí es joda para los escuincles, porque los bichos entran de día y de noche.

Se sacude una mosca de la cara, y continúa:

—Llegando tenemos que hacer la labor de quema, por la que no nos pagan nada aunque sean las guarda- rayas de un kilómetro de largo.

Otros campesinos, procedentes de Paseo de Arena, interrogados sobre sus motivos de asistir a un lugar donde pasan espantosos sufrimientos, ellos y sus hijos a cambio de una paga misérrima, explican que "allá no tocó reparto de tierras". Toda la zona cultivable pertenece a tres terratenientes: Cleotilde Chavarría, Hermelindo Montújar y Fabián Avilés, este último dueño del latifundio Chile Verde.

"Los pedazos que no alcanzan a sembrar estos hacendados no lo» dejan para trabajar y al que se mete lo cosen a balazos sin que ninguna autoridad intervenga.

"Tienen gente armada. Aquí nos pagan seis pesos por tonelada de caña cortada, pero con cuatro cabos por grúa la estamos pasando muy mal. ¿Qué le hacemos? Aquí, al menos, no nos morimos de hambre, aunque la familia sufre mucho. . .", y el campesino vuelve a enarbolar el machete para continuar la tarea.

Al llegar a la sofocante covacha —dos metros de largo, uno de ancho y uno de alto— cuatro niños intentan refugiarse en el interior de la "vivienda". Imposible. Lo impiden las reducidas proporciones de ésta. Basilides Pablo, mujer de Miguel Alvino, originaria de Tlapehuala, Guerrero, remienda un pantalón lleno de zurcidos por todas partes, que más que prenda de vestir semeja una de esas banderas que son reliquias de la Guerra de Reforma. Con tímidos balbuceos, la esposa de Miguel Alvino responde a mis preguntas haciendo pequeñas pausas.

—Tenemos seis hijos, pero Virgilio, el mayor, que tiene catorce años, junto con Armando, el que le sigue, están ayudando a su padre en el corte de la caña. No, los niños nunca han ido a la escuela, usted sabe, uno no puede mandarlos. . . la semana pasada, entre los tres, ganaron sesenta pesos. . . imagínese si Miguel no recibiera la ayuda de sus hijos mayores. . . comemos frijolitos y chile iodos los días y aunque vinimos a la zafra desde hace muchos años, esta vez nos dormimos y no alcanzamos galera y, ni modo, tuvimos que quedarnos en esta chocita que hicimos. Lo peor es el ajuate y las bandadas de mosquitos que molestan mucho a los niños.

(A pesar de los años, este relato no ha perdido vigencia. Para quienes quieran verificarlo, visiten cualquier ingenio; el más cercano al Distrito Federal es el de Zacatepec.)

Distrito Federal: Megalópolis de intereses creados

1:1 Distrito federal, ciudad de los ejes viales gracias al profesor Hank González, que previsor de su crecimiento y de las necesidades futuras, "solucionó el problema del tráfico de una vez por todas" y a la vez el suyo, sin pensar más en los malagradecidos defeños. Aquí también se cuecen habas. Nadie escuchó los clamores de los urbanistas que suplicaban mejor la descentralización que la urbanización. Pero es tan duro el clan que lleva los destinos, que ni los terremotos logran lo que tantos anhelan.

Cuanta reunión, conferencias, asambleas, escritos, llamamientos e incluso plegarias se han hecho se estrellan para descentraliza] la ante el muro de la indiferencia, ¿o de los intereses creados?

¿Tendría razón Hitler al principio —sólo al principio— por aquello de que en los armatostes que se derrumbaron, la mano de los judíos estaba metida más allá de los codos?

¿Por qué si tanto alabamos el sistema americano, al menos le deberíamos copiar su sistema de beneficencia que obliga a aten-de; a los menesterosos como seres humanos?

¿Dónde está el dinero de la Lotería Nacional?

México, D. F., agosto 2 de 1971. —A las 11:30 de la noche del 2 de agosto de 1971, la parturienta Belén Pérez, acompañada de su esposo, llegó al Hospital de la Mujer en busca de auxilio médico. Sintió pánico al encontrar cerrada la puerta principal del nosocomio. Tras indagar la entrada, hallaron una pequeña puerta de salida, por donde se metieron. Dos veladores les señalaron el fondo del corredor. Hacia allá caminaron para descubrir que, en la penumbra del pasillo, ocho mujeres lloraban al haber sido rechazadas por Falta de cupo y se resistían a abandonar el hospital por temor a dar a luz en plena calle.

En la sala de expulsión el doctor Martínez ausculta a la recién llegada, al tiempo que pregunta:

— ¿Cuántos hijos tiene?

— Cuatro y con éste cinco, doctor.

— ¡Bueno! entonces es usted muy rica.

—Sí doctor, ¡por eso estoy aquí!

Acto seguido, el médico pidió una camilla apuradamente, pues la mujer estaba a punto de dar el "chamacazo", según palabras de él mismo. Belén le hizo notar que no tenía sábana, pero éste repuso:

— ¡Súbase, madre, súbase ahí y sóplese las manos!

Belén pensaba que si pasaba más tiempo se ahogaría la criatura y comenzó a pujar ante la presencia del médico Martínez, que decía: "Ahí viene. . . está muy bien el parto. . . magnífico, señora, es una niña".

Sin reparar en la criatura, el doctor Martínez se dedicó a dar una cátedra a dos enfermeras que presenciaban el parto. No fue sino hasta que la niña estornudó cuando la envolvieron con una cobija; a Belén le dieron una sábana sucia, con sangre de otra parturienta, para que se tapara. Luego de otra larga espera, llegaron dos enfermeras y la subieron a una camilla para trasladarla a la sala de recuperación, mientras la niña sería llevada a la sala de cunas.

Belén imaginó que lo peor había pasado. Pero cuando llegó a la sala de recuperación, le dijeron que como no había cama disponible, tenía que compartirla con otra señora, la cual estaba totalmente inconsciente y con los brazos extendidos recibiendo suero por las venas. Belén tuvo que encogerse lo más que pudo para no lastimar a la otra enferma. Así durmió a ratos.

En la sala donde le tocó reposar se enteró por medio de las pláticas de sus compañeras, que ellas habían pasado por una situación similar a la suya; incluso la de la cama 232 decía que su criatura al nacer por poco caía al bote de la basura, porque el practicante no terminaba de ponerse los guantes para recibirla. En general, todas opinaban que la atención era pésima y que sólo por la gran necesidad se recurría a ese lugar. "Tal parece que el gobierno no desea que uno vuelva a poner un pie aquí", aseveró una de ellas.

El martes 4 de agosto, poco después del desayuno (bolillos, leche con café y huevos con papas) entró una doctora a la sala y les dijo:

—Señoras, vengo a darles una plática sobre la planificación familiar. ¿Sabe alguna de ustedes lo que significa la planificación familiar? —nadie respondió.

—Bueno —continuó—. Ustedes hacen planes para hacer un viaje. . . para una fiesta. . . ¿han planeado alguna vez qué carrera le van a dar a sus hijos?,

¿verdad que no?, ¿verdad que no lo han pensado? Muchas familias tienen hasta trece hijos. Estos padres que tienen tantos, se conforman con darles a sus criaturas un bolillo, una concha y un café con leche. Y si alguno les pide más la mama les da lo suyo y se queda sin comer. Entonces. . . la madre, base de la familia, es la peor alimentada, cuando debe ser lo contrario, porque es ella a quien más necesitan los niños. Otra de las desventajas de tener tantos hijos es que la madre no tiene tiempo de nada, ni de peinarse. . . entonces el marido ve a otra que esté peinadita, sin problemas, y se va a divertir con ella. En otros casos los maridos llegan cansados al hogar; los hijos se le suben. . . lo cansan y no disfruta en la casa y mejor sale a tomar cerveza con los amigos. ¿Y todo esto por qué? Por tener tanto niño. Cuando van a la escuela se les juntan los gastos de los útiles, los zapatos, todo. Eso no debe ser. Los hijos deben venir distanciados. ¿Se han lijado por qué los ricos tienen solamente uno o dos hijos y por qué los pobres tienen tantos? Porque los ricos tienen que pagar tratamientos que les cuestan de 300 a 500 pesos. Nosotros les ofrecemos tres tipos de tratamientos que no les costarán un solo centavo.

La doctora observa a las pacientes y prosigue:

—El primer tratamiento es temporal, ¿saben lo que es temporal? Quiere decir que durará el tiempo que uno desee (de la bolsa de su bata saca un pequeño objeto). ¿Ven este aparatito? Se llama dispositivo, es de nylon, no les molestará en absoluto, pues el lugar donde se inserta siempre está húmedo. Tampoco sus maridos se van a lastimar.

En seguida la doctora recomienda un tercer tratamiento, consistente en el amarre de las trompas de Falopio, y se despide luego de sugerir a todas las parturientas menesterosas que lo piensen antes de salir del hospital, ya que pueden optar por cualquiera de los tres "remedios" aconsejables para combatir la miseria.

Lo malo no es que la mujer mexicana sepa planificar la familia, sino la psicosis provocada antes del parto, cuando las mujeres desesperadas frente a la sala de emergencia lloran por ser atendidas para que sus criaturas no nazcan en medio de la calle, como perros.

México, D.F. —A través de la alambrada que nos separa, Juana Trejo Pérez, nacida en Zimapán, con familiares en la ciudad de Pachuca y en los Estados Unidos, me grita, desesperada:

—No estoy loca; eso sí, me están volviendo a mí y a todas las que estamos aquí con tanta pastilla de Epanil y Umanal. Nos hacen tomar 16 tabletas diarias... Amargan como la hiel, joven.

—Yo no me las tomo; si lo hubiera hecho hace tiempo que ya estuviera muerta. Aquí no se viene a sanar; aquí se trata de matar a la gente.

—Nos estamos muriendo de hambre, sólo nos dan dos bolillos y frijoles todos los días, y eso es todo. Lo bueno se lo llevan las afanadoras y las enfermeras. Ellas cargan con todo.

—En mi tierra no pasaba hambre. ¡Esto es horrible! Y... ya me voy, porque están llamando a comer y si no llego a tiempo no me toca nada. Gracias y no se le olvide que tengo hijos trabajando de inspectores de policía en la 12 de Pachuca.

La pobre mujer se fue, pero al mismo tiempo me extendían la mano varias "dementes", para que les diera un "veintecito" para comprar.

Al principio, sólo al principio, repartí unas monedas; después hubiera necesitado talegas de veintes para hacer felices a las docenas de mujeres famélicas que estiraban la mano por una moneda que las hacía reír como niñas.

Cual más, cual menos, querían decirme su nombre y que lo apuntara. Todas afirman sentirse bien, pero que a pesar de ello no las dejan salir. Algunas, al conseguir su anhelado veinte, se retiraban rumbo al comedor porque intuían que era mejor acercarse a los bolillos que estar oyendo las quejas de las otras mujeres.

Ulina Urbina, esquelética, prácticamente en huesos, tímidamente pide su moneda y platica, coherentemente, varias anécdotas de por qué se halla en este lugar. A ciencia cierta no lo sabe, pero sí comprende que le dan "nervios" y que es por eso por lo que se encuentra en este centro de "recuperación".

La entrada a este nosocomio me fue negada diplomáticamente por el intendente y una de las enfermeras que en la puerta me advirtió que sólo contando con el permiso de la Dirección o del departamento de Prensa de la Secretaría de Salubridad podría hacerlo. Realmente lo único que conseguiría a través de la Dirección sería información de anomalías comunes y corrientes de necesidades y fallas propias de cualquier centro como éste.

Es difícil tratar con la gente, y más aún con quien está mal de sus facultades; simplemente porque a veces niega o porque no se sabe a qué hora cometerá un error, que puede ser de graves consecuencias. Pero no es justo que quienes carecen de la razón sean víctimas de gente sin escrúpulos que les priven del alimento. Si bien es cierto que las llamadas "beneficencias" carecen de un presupuesto razonable para una mejor atención, la situación se agrava si los administradores meten o dejan meter mano a los subordinados.

Este es el secreto de Tepexpan, lugar que posteriormente fue bardeado para que ningún mirón fotógrafo- reportero pudiera colársele a los de la S.S. A. Si es sintomático de México que suceda esto, culpa no es de los de abajo, sino más bien de una sociedad que no le importa de dónde y a qué precio toma lo ajeno, a pesar de que sus acciones cuesten la vida de seres que no se pueden defender.

En las costas del Atlántico

Semana a semana buscaba encontrar la verdad de las cosas y comunicarla en tal forma que no pudieran refutarla, a través de fotos absolutas.

Recorrí la República como los vendedores de las empresas de medicamentos. Siempre tenía preparada mi ropa: pantalones de los que podía lavar en lavabos de los hoteles y no se planchaban y mis inseparables tenis de los de aquellos tiempos que costaban la enorme cantidad de 30 o 40 y cuando más 50 pesos. El equipo fotográfico, del que aún conservo algunas lentes, era mi mayor cuidado y nunca de los nuncas me separaba de él, estuviera donde estuviera.

Estando comisionado en el mero puerto jarocho, encontré unos chiquillos frente a un restaurante marisquero. Les empecé a tomar fotos que consideré serían buen material en México; no debió ocurrírseme tal cosa: un individuo salió del restaurante, y en forma altanera se interpuso entre la cámara y los niños y me explicó que ¡allí no podía tomar fotos! Le contesté que estando en la calle ni él ni nadie me lo podía impedir y seguí haciéndolo con él al frente, sin importarme si le gustaba o no. Me arrebató la cámara y la azotó contra el suelo empedrado. Era lo peor que hasta ese momento me había pasado en el trabajo. Acto seguido, el tipo —flaco, alto, acompañado de otros fulanos— se metió al mismo restaurante, triunfante y sin hacerme caso de que debía pagarme la cámara, ya inservible. Fui rodeado por gente curiosa y supe por ellos que se trataba del administrador del comedero, un energúmeno al cual no se le podía hacer nada. Llegaron dos policías que por fortuna no eran amigos de este fulano; Les expliqué que venía de México y que casualmente estaba tomando unas fotos en la calle, cuando salió el individuo del restaurante a tratar de amedrentarme y que como no lo consiguió me azotó la cámara contra el suelo; pero que ahora se negaba a pagármela. La gente reunida abogó en mi favor y los policías sacaron al sujeto de marras del restaurante a como dio lugar; para esto, ya había gran escándalo y el individuo negaba haber sido el responsable. Pensé que saldría perdiendo de todas todas; afortunadamente el distribuidor de periódicos y revistas de Veracruz —de quien no recuerdo su nombre y al cual le agradezco toda la buena voluntad y el empeño que puso en ayudarme— supo lo ocurrido e intercedió por mí ante el Ministerio Público, que es adonde fuimos a parar, porque el sujeto estrafalario se quería hacer pasar por ofendido. Pasó una noche encerrado y esto lo ablandó, pues al otro día estaba dispuesto a pagar sólo parte de los daños; a lo que respondí que la cámara quedó inservible, por lo tanto pagaba o las autoridades dispondrían lo conveniente. Pagó, tuvo que pagar. No lo que costaba mi cámara Pentax de 35 mm con lente de 1.4 (4,000.00), pero dio $ 3,500.00, que si en algo sirvieron para quitarle lo fanfarrón ya fue ganancia. Por mi parte, consideré que salí perdiendo, pero no podía dejar amedrentarme por cualquier sujeto que no tenía causa que lo justificara.

Veracruz, mayo de 1971. —¿Cuál situación es más desesperante'?

— ¿De qué me estás hablando? —responde.

— ¿Crees que será mejor para mí ver cómo se están muriendo mis hijos porque no encuentro trabajo en todo Veracruz, a verlos muí ir de balazos?

—A la mera hora del calor, cuando te estás quemando por dentro y por fuera, puedes ver a los "socios" tomando cervezas bien frías en las cantinas y en los buenos restaurantes de los portales, y yo ni siquiera puedo agarrar un turno de trabajo ese día. Por lo lanío, no llevé nada a la casa. ¿Crees que me espanta la anarquía de que hablas?

—No, mi amigo —continúa el "cuije"— ya no necesitamos más artículos para que la gente se convenza de nuestra miseria; el mundo entero ya sabe que la miseria existe, porque existen los que se llevan iodos los centavos. Aquí los "socios" son la fuerza con que cuenta el gobierno para frenarnos a los "cuijes", pero. . . después de los días feos que pasaron los "socios" por las incertidumbres de cómo sería el nuevo régimen, todo volvió a la normalidad.

Sin sobresaltos y completamente seguros de que al gobierno no le interesa quitarlos de intermediarios, los socios han vuelto a sus costumbres rutinarias.

—Todas las mañanas, tardes y noches —prosigue—, los puedes ver platicando y politiqueando muy a gusto en las tabernas y cafeterías del puerto, saboreando sus batallas con el café, la copa, la cerveza, mientras los desgraciados "cuijes" se desloman para ganarse unos pesos, y eso sólo los que cuentan con la simpatía de ellos. Ustedes, a pesar de que están con los pobres, también entran al terreno de la demagogia escrita para poder sobrevivir. Tú sabes mejor que yo que la única vía posible para que el país cambie, dominado hoy por "socios", será la violencia; nos guste o no. La plática, realizada en los muelles con uno de los trabajadores portuarios llamados "cuijes", continúa:

—En un futuro no muy lejano serán colgados de los árboles lo mismo los políticos que los periodistas, porque gran culpa de la situación de miseria la tienen también los periodistas. La mayoría se han convertido en unos bribones chantajistas. En este estado, cualquiera que edita su periodiquito es nuevo chantajista y provoca desorientación. Estos despilfarros se pagan con el dinero de la escuela que no se hizo, del camino que no se termina de construir. En México lo que sobra es cinismo en unos y aguante en otros.

—Efectivamente —enfatiza—, los políticos amenazados por una auténtica explosión periodística, querían tener comprados hasta los "diarios" de mimeógrafo. Ya se imaginarán cuánto les salía costando el cuidado de su imagen.

Los "socios" existen porque se sienten apoyados por la CTM y se reparten jugosamente los contratos de carga y descarga de los barcos que llegan a Veracruz.

Cuando en los muelles tomaba las gráficas que confirmarían las aseveraciones de los "cuijes", un viejo "socio" —al cual sorprendí orinándose en el muelle desfachatadamente, al igual que el tipo altanero que, más tarde, me destrozaría la cámara— amenazó con echarme al mar si proseguía. La escena se desarrolló en tal forma que tuve suerte de no terminar con mi otra cámara descompuesta por milagro.

— ¿Por qué estás tomando fotos?

—Me interesa sacar en México la carga y descarga en los muelles —repliqué.

— ¡Aquí no nos gustan los metiches y, si sigues, vas a terminar mojado! —amenazo, señalándome el agua aceitosa de los muelles.

No le hice caso y me alejé del lugar, sin dejar de observarlo de reojo para evitar una sorpresa. El viejo me siguió mirando ya lejos, como queriendo apantallarme, pero ese día tuve suerte y no pasó nada. Más tarde, el fanfarrón del restaurante haría lo suyo.

Estuve buen tiempo en el bello puerto escrutando la vida y milagros de su gente; los "cuijes", desamparados criminalmente por las autoridades, me lo enseñaron durante varios días. Los "socios" otro tanto, pues estos señores se dan el lujo de chantajear al propio gobierno con parar toda la carga de los muelles, cuando ellos mismos ni siquiera mueven un dedo para tocar las mercancías.

A Veracruz lo han gobernado por decenios casi las mismas personas o, por lo menos, los mismos "ideólogos"; cuando principia la gestión de un nuevo presidente municipal, se reparten las regidurías: una para la CTM, otra para los ferrocarrileros y. . .así, hasta llegar a los puestos más bajos, que son dados a otros sindicatos.

Los periodistas que vienen de México hacen una llamada telefónica a los corruptores jefes de prensa para que les tengan listo el carro con el que pasearán a la familia, o las encerronas con las suripantas de los mejores prostíbulos.

Y eso no es todo: todavía se van forrados de billetes.

Genocidio tarahumara

Samachique, Chih., marzo de 1970. — ¿Cómo te llamas, amigo?— Un profundo silencio y una mirada inquisitiva del indio tarahumara constituyen la única respuesta. Insistí:

— ¿No sabes hablar español? —tampoco hubo contestación.

Los tarahumaras tienen poderosos motivos para mostrarse hoscos, desconfiados: siempre que se les acerca un blanco o un mestizo es para robar o causarles daño.

Intento hablar con ellos pero me miran con desconfianza y rehuyen a mis preguntas. Félix Valenzuela, presidente del comisariado ejidal de Samachique se presenta a servir de intérprete. Un susurro, casi inaudible, brota de la garganta del primer tarahumara entrevistado: Zeta Chique.

— ¿Zeta que?

—Zeta Chique.

— ¿Cuánto va a tocarte hoy en el reparto de maíz, amigo Zeta Chique?

— ¿Sabe?

— ¿No sabes cuánto te tocará, Zeta Chique?

—No.

— ¿Cuánto siembras de maíz?

—Cuanto puede, un decalitro.

— ¿Y diez litros de maíz alcanzan para alimentarte tú y tu familia?

Zeta Chique queda perplejo ante la larga pregunta. Su cerebro rudimentario no le permite comprender.

Según el gobierno del estado, la explotación de los bosques de Chihuahua produce más de 425 millones de pesos anuales —de 1970, a 12.50 el dólar. De esta suma tocaba cuarenta y cinco kilos de maíz a los tarahumaras de Samachique, cuando menos en teoría, pues luego de impresa su huella digital nada menos que en 32 hojas de papel oficial, se les informó a la mayoría que no figuraban en las listas.

Los tarahumaras, con humildad, se retiraban del lugar donde se les repartiría el maíz. Ni una queja, ni una protesta "no vaya a pasarnos lo que a los yaquis". Silenciosamente, como habían llegado, se fueron retirando. Zeta Chique me lanzó una mirada digna de lástima, como diciendo: ya ves, blancos y mestizos se han propuesto aniquilar a la raza tarahumara y nada podemos hacer para impedirlo.

Negocios con Hank González

Narrando así y apoyando los artículos con fotos irrefutables, empecé a ganar un lugar en la revista. Mis deseos de decirlo todo a través del *¿Por qué?*, eran inagotables. En ocasiones me publicaban dos reportajes a la vez y toda la revista estaba llena de fotos mías. Mis relaciones con Roger Menéndez, hermano de Mario, eran de primera. De Sonora a Yucatán (como aún dice el anuncio de los sombreros Tardán) me desplazaba en plan quijotesco. Sin miras egoístas. ¡Vamos! Ni siquiera para ganar unos centavos más, que tanta falta le hacían a mis hijos. Tan sólo pensaba que lo que ganaba los mantenía alimentados y medio vestidos, y con eso me conformaba.

Por medio de las denuncias que llegaban al *¿Por qué?*, Roger seleccionaba las que consideraba prioritarias y allá iba, o en ocasiones tenía que salir a buscarlas, como fue con los reportajes que realicé en el estado de México, cuando era gobernador Carlos Hank González.

"Hernán Cortés se quedó chiquito al lado de Carlos Hank González", comenzaba mi reportaje. Los grandes intereses de esa época, representados por el profesor Hank, necesitaban expandir sus industrias, y para ello copiaron el estilo de Cortés que llegó en plan de ladrón a nuestras tierras ingenuas. En la misma forma, el profesor ungido a gobernador, arrebataba en forma inusitada las tierras de los nativos del estado de México. Naturalmente se utilizaban subterfugios, como la palabra expropiar tierras ejidales en bien de la misma comunidad y para su futuro progreso. Todo ello en tierras que estaban a la orilla de las carreteras que comunican al estado de México con el D. F., pretextando para tal injusticia, sin base legal ni justificación aparente, la necesidad de terrenos para la industria; sin embargo, las grandes propiedades ni se tocaban, como la hacienda de "Santín", latifundio de los Rivera Torres, que bien podría albergar conjuntos fabriles de enormes proporciones dadas sus dimensiones. Esa era mi misión: tratar de hacer llegar las quejas de ejidatarios, locatarios y pueblo en general, que clamaban atención a sus necesidades, como los habitantes de Temezcaltepec, que tienen años pidiendo cuatro profesores.

¿Para qué querrían profesores?, se preguntaban as autoridades estatales.

Un voto dado en contra

Toluca, Méx., octubre de 1970. —"Por todo lo hecho en nuestro pueblo: la carretera, la introducción del agua y la instalación de la luz, aquí, en San Mateo Otzacatipan, instamos a la gente a que votara por el PRI."

Pensamos —continúa Fermín Rodea, delegado municipal de San Mateo— que al dar nuestro voto al profesor Carlos Hank González nos ayudaría, porque prometió durante su gira electoral que resolvería las principales carencias del pueblo. . . Todo se nos ha vuelto al revés: lo que hace es alentar a los industriales, facilitándoles caminos pavimentados, luz, agua, etcétera.

—¿Por qué pretende arrebatarnos nuestras tierras ejidales, de dos o tres mil metros a lo sumo, cuando la hacienda de "Santin" tiene más de tres mil quinientas hectáreas, tierras que pertenecían a los Barbosa y que hoy son de Gaspar Rivera Torres?

"Guillermo Pérez Calva, secretario general de la Liga de Comunidades Agrarias, afirmó en El Sol de Toluca que los campesinos del valle, quieran o no, tendrán que dejar sus tierras para abrir paso al progreso. Este señor cree que nosotros no nos damos cuenta de que pretende quitarnos las pocas parcelas que tenemos, para que ellos hagan el negocio de su vida".

"Las parcelas ejidales cedidas en aras de la industrialización, serán pagadas en diez y quince años al precio de 80 centavos el metro, con cargo al gobierno de la entidad."

En fin, cuantos mexiquenses denunciaron con pruebas, pelos y señales, no fueron escuchados. Para ello sólo se necesitaba valor civil, el suficiente para acreditar las denuncias en la revista ¿Por qué?, que no tenía autocensura alguna ni más interés que los del pueblo trabajador.

Después de transcurridos quince años, que sean los hechos los que determinen quién tenía la razón. Se calculaba entonces la fortuna del profesor Hank González en unos trescientos millones de pesos. ¿Qué dirá la historia de lo que hoy día nos hace el FMI? ¿Acaso se olvidaron de los tratados de Bucareli, que tanto dañaron a nuestro país?

Jaulas de tigre vietnamitas en México

Uruapan, Mich., septiembre de 1970. —En el cuarto de madera, de dos metros de ancho por tres de largo, destinado para oficinas del comandante de los servicios especiales de la policía de Uruapan, tres agentes de los llamados secretos (hoy "Especiales") sumergen la cabeza del detenido Francisco Moreno en un bote de los denominados alcoholeros, lleno de agua, una y otra vez hasta que consideran que Moreno se encuentra al borde de la asfixia.

Uno de los agentes, alto, con un diente de oro, sombrero tejano de lona, lo tira de los cabellos y le espeta:

—Si no dices la verdad, te voy a matar hijo de la chingada.

— ¡Máteme! no sé nada de lo que ustedes dicen. No sé dónde está la bomba que piden —responde, desesperado, la víctima en turno.

El entejanado, policía secreto de muchos años en la vecina ciudad de Uruapan, Michoacán, amartilla la escuadra, la coloca en la frente del indefenso y acciona el llamador. No hay detonación.

—Déjamelo a mí, Luis —le pide otro de los agentes, un chaparro al cual oyó Moreno que le llamaban Antonio; y es éste el que se encarga de golpear a la víctima hasta el cansancio. Después entran más agentes al quite y unos le golpean las orejas con la palma de las manos; otros los testículos. . . y, al fin científicos, pronto precisan otros lugares dolorosos.

Francisco Moreno Zavala, el peón michoacano en manos de los "agentes especiales", no resiste más y firma el papel que le muestran, donde se declara culpable de haber robado una bomba de agua, propiedad del rentista de aguacate Eduardo Rodríguez, quien ofreció a los policías una recompensa de dos mil pesos por localizar al ladrón, unos 400 mil de ahora.

Los agentes sonreían al ver que por fin Moreno "cooperaba"; pero el gozo se les fue al pozo al darse cuenta de que por más que lo vuelven a torturar, gritar, maldecir y amenazar, éste no sabe dónde se puede encontrar la bomba, y con ella la preciada recompensa. Seis personas más, vecinas del rentista Rodríguez, reciben similar método de interrogación en las oficinas del comandante. Todos firman su culpabilidad, pero la bomba no aparece por ninguna parte. Para fortuna de otros "sospechosos", el objeto perdido reaparece y las investigaciones concluyen.

A los agentes especiales no les dieron recompensa alguna, pues a pesar de tener seis responsables, ninguno dio la pista correcta; así que lo mejor fue echar tierra al asunto para dedicarse a otra nueva "denuncia".

De los seis presuntos ladrones confesos por los métodos policiacos, cuatro tuvieron mejor suerte que Francisco Moreno Zavala y Agustín Zarco: pagaron multa o dieron dinero al abogado y están libres. Moreno y Zarco quedaron presos hasta que suceda un milagro.

En el interior del penal los dos muchachos han encontrado trabajo de peones, nuevamente, pero en lugar de los 15 o 20 pesos que ganaban, se tienen que conformar con tres cincuenta o máximo cuatro pesos diarios, que les sirve para comprar las "gordas" que venden los presos y un refresco de cola para balancear su dieta de calorías.

Los reclusos no se resignan a su nueva situación, máxime cuando se han dado cuenta de que la cárcel está sumamente poblada y que existen elementos tan perversos como los agentes especiales que los torturaron para hacerlos confesarse culpables. Caso concreto: el individuo que funge como director de la "Unión de Reos", expolicía secreto Miguel Aguiñaca Magaña, asesino sin entrañas, que está en el penal más por negocio que por cumplir una condena.

Enterado de la presencia de un periodista de la ciudad de México en la entrada del penal, Aguiñaca se moviliza hasta este lugar para "informarme" que él es el dirigente y que antes de caer en prisión era un abarrotero próspero en la ciudad de Uruapan, pero que por viejas rencillas con un individuo de Chihuahua, al que tuvo que matar cuando fue policía, había perdido su libertad. Afirma que la cárcel de Uruapan es una de las más pacíficas de la provincia y la mejor de Michoacán.

En un calabozo a la entrada del presidio, y que no tiene más de cuatro metros cuadrados, ocho presos se encuentran recibiendo un castigo por órdenes de Aguiñaca, quien "ha dispuesto este cuarto para los rebeldes". Según dice, después de cinco días de permanecer en ese lugar se les quita lo "peleonero".

Los presos castigados estaban materialmente infestados de ronchas y agobiados de calor. La causa de su castigo había sido una pequeña riña que tuvieron seis de ellos, y otros por haber faltado a la lista de presente la mañana de ese mismo día. Aguiñaca les aclaraba que su rebeldía había provocado su aislamiento, y que sólo así se podía conservar la disciplina.

El olor nauseabundo que despedían los sudores de cuerpo con cuerpo, más la enfermedad de todos ellos, era inaguantable. Parecía el castigo un cuadro dantesco provocado por degenerados mentales. Tan cruel era la visión, que me atreví a advertir a Aguiñaca el peligro de muerte a que exponía a estos hombres. Se limitó a responder que ya se les iba a liberar.

Cárdenas Ríos, hombre fuerte, bien vestido y "dueño" del taller de guitarras de la prisión, me informa: el taller se inició hace cuatro años a iniciativa de un preso de Paracho. Posteriormente obtuvo su libertad y, por eso, cambió la dirección del taller. Se maquilan de 150 a 200 guitarras por semana. Se le paga al trabajador, si es experto, seis pesos cada una y tres a los aprendices. —

Seguramente es bueno el negocio —opino— pues anda usted muy bien vestido.

La risa de los demás presos no se deja esperar y el interpelado se sonroja. Bueno, explica, tengo hijos grandes que me dan lo que necesito.

El corazón del fiscal más duro se habría enternecido al comprobar las condiciones infrahumanas en que subsisten los presos, enfermos ya, del galerón de 30 metros por 7 de ancho, dormitorio que recoge a 232 reos. Los más afortunados cuentan con camas de costal y los demás se echan como animales, unos sobre otros. La única ventana que sirve de respiradero a estos infelices es un claro de luz.

—Por las noches, la promiscuidad es lacerante —confiesa Piedad Valencia Mendoza, maestro rural, quien afirma haber sido calumniado por los caciques de San José de Chila por cuestiones comerciales.

Fue el único que se atrevió a denunciar, delante de todos, la terrible situación que priva en ese inmundo lugar, mal llamado reclusorio penal.

—Los campos de concentración estaban muchas veces mejor que esto —se lamentaba el maestro.

—Estamos, todos, enfermos por el polvo que despiden los talleres de guitarras y por la promiscuidad. Algunos se están muriendo de hambre por no tener nada con qué comprar una "gorda". En los talleres no todos alcanzan trabajo. Existen cantidad de inocentes que no tienen nadie que los defienda ni los venga a ver para alimentarlos. Los defensores de oficio sólo vienen cuando consideran que alguien ya juntó sus centavos trabajando duro en la maquila. Ni siquiera se meten al penal: desde la reja llaman a los que ya les falta poco para que se negocie su libertad, y después de que los abogados reciben dinero no vuelven hasta que saben que hay más. En esta forma estamos igual que si estuviéramos muertos para el resto de la gente. . . usted lo está viendo.

En efecto, en el penal no existe cocina-comedor oficial. Las autoridades dan a los reclusos $ 1.25 diariamente, pero sólo a los que están en lista. El encargado de repartir las "gordas" es el propio alcalde. Terminé de reportear después de escuchar diez casos parecidos a los de Moreno y Zarco, a los cuales la policía capturó e hizo prisioneros por sospechosos y ahora están a cargo de autoridades penales que jamás los han visto, ni los verán.

El periódico Vanidad de Uruapan dice: "La novia vistió traje de organza francés; el corte es de estilo medieval, con escote cuadrado en la espalda y sin mangas. La madre de la contrayente, señora Pureco, lució un crepé francés tramado con plata; la señora Trejo portó atuendo de crepé negro y galón del mismo tono. Bertha Valverde vistió traje de shantú esmeralda y se adornó con esmeraldas. Por el mismo estilo los demás invitados: sus elegantes prendas propias de un palacio de Versalles."

Y así, en la misma forma en que se reseñan elegantes atuendos de importación, se informa del consumo de vinos finos, bebidas que se toman desde copas coñaqueras de cristal cortado de Bohemia, hasta comer en vajillas importadas de Bavaria, y todo eso ante una población que, para llevar doce o quince pesos a su familia de seis o más hijos, arriesga la vida todos los días acarreando troncos de madera desde el monte en carromatos desvencijados: peones de sol a sol.

Pero si esto mueve a coraje por lo desproporcionado, aún existen escalas más lacerantes. ¿Cuántos de nosotros evitamos comer azúcar en cantidades que nos engordarían, quitándonos la figura?

Mexicali: Valle de la Muerte

Mexicali, B. C., mayo de 1971. —Desde la avioneta el valle de Mexicali se ve arrasado: los estragos que ha causado la salinidad a la otrora tierra fértil son totales; la ciudad semeja un enorme basurero, en contraste con las tierras vecinales del Valle Imperial de los Estados Unidos de América.

Separadas por el "acanalado" río Colorado, cientos de miles de hectáreas de un lado y otro dan la idea de polos opuestos. Las americanas, hasta en su corte, son perfectas y limpias de contaminación. La tierra prometida. El lado mexicano: el valle de la muerte.

Hace diez años el Valle de Mexicali no envidiaba nada a las tierras vecinas. El algodón que se cosechaba era del mejor producido en el mundo. Su monocultivo, intenso, propiciado desde la época en que pertenecía todo el Valle a la Colorado River Land Company, se había agotado, pero se pensaba en su regeneración a base de otros cultivos; hoy día, es cosa de ciencia ficción cuando el Valle se halla a más de treinta metros bajo el nivel del mar.

¿Con cuál sistema de bombeo podrán elevarse los miles de millones de metros cúbicos de agua salada que nos enviaron nuestros vecinos?

Estos vecinos sabían que no podían descargar la sal del desierto de Arizona en Mexicali sin causar un daño irreparable, y lo hicieron. Ya no es tiempo de llorar. Los despojos de lo que queda de la tierra fértil, son un desierto salitroso.

Del medio millón de mexicanos que habitan el Valle —miles de los cuales fueron felices agricultores y tenaces ejidatarios— ya no queda ni su sombra. Los más optimistas imploran el permiso para la perforación de un pozo profundo que los ayude a desalinizar sus hectáreas. Pero los convenios mexicano- norteamericanos no lo permiten.

La agonía del Valle ha sido detenida por las maquiladoras norteamericanas de todo tipo: desde la terminación de muñecas hasta las de aparatos de transistores, pasando por la industria del vestido y pagando precios bajos a las trabajadoras hijas de los otrora prósperos ejidatarios y agricultores. La prostitución en la ciudad de Mexicali se quedó para siempre, aun cuando los promotores del auge fueron las tropas de soldados yanquis que pasaban por la ciudad rumbo a la base dé San Diego, California.

En las caras de los que deambulan por la ciudad de Mexicali se refleja la derrota, sobre todo en las de los hombres que no encuentran trabajo (en Mexicali la mayor fuerza de trabajo es la de la mujer) y buscan en las cantinas quién les obsequie la cerveza fría.

Quien no conozca una ciudad en agonía debe visitar Mexicali, símbolo de ciudad mártir: sus habitantes, antes de la salinización, eran considerados los mejores trabajadores del mundo. . . bajo temperaturas de más de cuarenta grados a la sombra, los pizcadores mexicanos soportaban a pleno sol la cosecha de algodón.

Las hileras de pozos profundos que han perforado los yanquis y la estricta prohibición de hacerlo del lado mexicano, dan idea de los leoninos tratados que nuestras autoridades firmaron con las de los Estados Unidos.

El Valle de Mexicali fue uno de los emporios de mayor riqueza que tenía México, pero sólo cuando el medio millón de hectáreas pertenecían a la Colorado River Land Company; después. . . El Valle de la Muerte.

Tijuana no es sólo para divertirse

No era fácil presenciar las condiciones infrahumanas en que se encontraban los presos de la cárcel de Tijuana, que como perros rabiosos se tenían enjaulados en celdas de dos por tres metros —a veces menos— hasta quince detenidos. Generalmente por delitos de borracheras, que en ese entonces en Tijuana era un pecado no hacerlo. Redadas hamponescas de los jefes policiacos tijuanenses, para hacerse de billetes a como diera lugar, contra los aspirantes a braceros o a quienes regresaban después de la soba y creían que darse el gusto de una cerveza lo tenían bien ganado, y terminaban cediendo su resto para salir de los "delitos" en que había incurrido. Así es nuestro México, folclórico por sistema, ¿patriarcal? o

¡mafiarcal!

Esa era la Tijuana que conocí, tenebrosa en las noches, sobre todo en las calles aledañas a la avenida Revolución, donde los centros nocturnos no eran otra cosa que lupanares de baja estofa, que nada envidiaban a los del Asia o Medio Oriente, porque los prostíbulos dondequiera que estén son para eso.

¿Pero quién, o quiénes, permitieron crecer en esta ciudad el vicio, los robos y los crímenes? Nadie sabe, nadie supo.

Los nombres de los principales fueron denunciados en su tiempo.

"La cenicienta", como llaman los norteamericanos a la Baja California, territorio que ambicionan por sus bellezas naturales, tenía, y tiene, sorpresas para los chilangos, aquéllos que ni soñando podrán alcanzar a poseer un pedazo de lo que —se dice— es nuestro. Por principio: todas las playas —las mejores, desde luego— son "Prívate Property" de ciudadanos americanos que las ocupan de vez en cuando para recrearse. En esta forma, los "dueños" del patrimonio nacional, los mexicanos, no pueden ni asomarse al mar.

Por ahí. . . perdido en el mar de letras del país hay un artículo de la Constitución Mexicana, que prohíbe estas ventas en los litorales.

— ¿Quién hizo las transacciones de nuestras tierras nacionales?

Recuerden cuando a los cubanos, para bañarse, se les marginaba a las aguas negras de los ríos contaminados, porque las playas — todas— eran de los mañosos de ese entonces. ¿Nacionalidad? Americana. . . ¡pues cuál más!

Así, de sorpresa en sorpresa, de que aquí no ha pasado nada, según los expertos oficialistas de siempre, descubría las cloacas donde los trajeados, los de finos casimires, los perfumados, eran los usufructuarios. Pero en la vida real, tan sólo los "Dones": Don José Torres Landa, Don, Don, Don. . .

No se trata desde luego de sacar boleto, como el inolvidable maestro Buendía, pero el objetivo de los que nos debemos al periodismo es dar nombres y chapucerías; simplemente quien más sonó, y el pueblo lo decía recio y quedito en ese entonces.

Era este personaje, que además fue gobernador de Guanajuato. ¿Pero, por qué desde el poder, en lugar de planear para el bien de muchos?

Y todavía hay un idiota que dice "¿Qué nos pasa?"

Si el mundo se espantó por las "jaulas de tigre" que los americanos implantaron en Vietnam del Sur para los prisioneros del Vietcong (fosas cavadas en el suelo, donde se les arrojaban víboras venenosas o simplemente el frío los mataba), todo mexicano debería salir a las calles para reclamar a las autoridades las bajezas cometidas en agravio de nuestros presos.

Los soldados cortaron cartucho al estilo Massieu

Acapulco, Guerrero, abril de 1970. —El campesino Andrés Hernández trató de defender su modesto patrimonio: se plantó a la entrada de su casa con un machete y no dejaba entrar a las tropas que iban a tomar posesión de sus diez hectáreas sembradas con palilleras, mangos y limones. Los soldados cortaron cartucho.

Cuando todo amenazaba con terminar en forma sangrienta, Sabino Palma, otro ejidatario, se acercó a Andrés y lo persuadió de que no opusiera resistencia: el decreto de expropiación estaba firmado desde la propia silla presidencial por el licenciado Miguel Alemán y los soldados tomarían posesión de las parcelas incluso sobre los cadáveres de los campesinos.

Melchor Perrusquía, entonces Presidente de la Junta Federal de Mejoras Materiales de Acapulco, se encargó de cumplir con el resto. Setenta ejidatarios, que trabajaban desde muchos años atrás la extensa faja costera que abarca Puerto Marqués y el Revolcadero, que habían recibido del general Lázaro Cárdenas sus títulos, fueron despojados sin remedio. En estas tierras levantaron el lujoso fraccionamiento Copacabana y el exclusivo hotel Pierre Marqués.

Emigdio Morales, de 79 años, nacido en Puerto Marqués narra así lo sucedido:

—Un desdichado día, un ingeniero de apellido Betancourt llego al poblado, habló con el presidente del Comisariado Ejidal Benito García y con Claudio Salinas. Les dijo que iban a expropiar las tierras ociosas por orden presidencial.

— ¡Era mentira! Nosotros trabajamos las tierras del ejido. Dijo el ingeniero Betancourt que "tenía una oferta para que abandonáramos las tierras: diez mil pesos y una casa para cada uno de los campesinos de nuestro ejido". Nos aseguró que si aceptábamos, bien; que si no, de todas formas nos echarían, pues la orden venía "de mero arriba". Más de cuarenta ejidatarios no aceptaron la "oferta", aunque el comisariado ejidal Benito García insistía en que era mejor no oponerse.

—A los ocho días de haber platicado con el ingeniero Betancourt se presentaron varios pelotones de soldados, que dijeron llevar órdenes de desalojarnos "a como diera lugar". Se portaron como bestias. A los que intentamos oponernos nos amenazaron con el fusil, con cartucho cortado, inmovilizándonos, mientras otros se metían a los jacales a desalojar a las mujeres y a los niños. Y luego, lueguito, les prendían fuego a las casas. Luis Palma, uno de nuestros compañeros, enloqueció al ver que le quemaban su casa y arrasaban un huerto de frutales que ya estaban a punto de dar cosecha; por presentar resistencia, ni siquiera los diez mil pesos prometidos, ni mucho menos la casa, recibieron a título de indemnización los ejidatarios favorecidos por el general Lázaro Cárdenas con sus valiosos terrenos de Puerto Marqués y el Revolcadero.

Los que aceptaron la propuesta fueron llamados a la oficina de Melchor Perrusquía, quien les dijo que se les iba a pagar lo convenido, pero que necesitaban firmar unos papeles para "acelerar el pago". Quince días después les entregaron cualquier cosa y les dijeron que debían darse por bien servidos, enviándolos en camiones especiales fuera de las tierras. Los campesinos que defendieron hasta lo último, sus parcelas que les había otorgado el general Lázaro Cárdenas, ésos, se quedaron sin nada.

Los artículos 138 y 139 del Código Agrario rezan: "Los derechos agrarios son inajenables, imprescriptibles, inembargables, y en ningún caso pueden cederse, transmitirse, arrendarse, someterse o debilitarse; serán inexistentes todos los actos de las autoridades que tiendan al objeto de privar de estos derechos a los ejidatarios.

Acapulco, Guerrero, abril de 1970. — ¿Cómo te fue de Semana .Santa en Acapulco?

— ¡Ni me lo recuerdes! Ya ese lugar no es para los mexicanos.

Va uno a que lo esquilmen, todos parecen estar a la caza de los capitalinos para ver cuánto le sacan.

— ¿No te gustaron las playas?

— ¿Las playas? ¿Cuáles? Ya casi todas son de propiedad particular, y las que no, están llenas de gente.

— ¡No exageres! ¿Tanta gente fue? ¿Y los precios, qué tal estuvieron?

—Todo estaba repleto. ¡Y los precios. . . por dormir en un pasillo, treinta pesos, aparte el riesgo de ser devorado por los mosquitos! Si duermes en la playa, llegan los granaderos y te tratan a puros insultos. Con decirte que son más bravos que los del Distrito Federal y en cuanto intentas contestarles te caen a golpes y patadas. Llegas a la cárcel y no hay apelación: o pagas trescientos varos de multa o vacaciones gratis quince días a la sombra. Los encargados de las sillas colocadas en las playas te cobran las veces que quieren y si protestas te echan encima a los granaderos. Los policías impiden el paso de una playa a otra, dizque por estar en construcción los hoteles, y sólo ves lo bueno a través de la entrada de lujo de un hotel. De plano, ya no regreso a Acapulco. Allí solamente atienden bien al que lleva puños de dólares, y dentro de poco es probable que ya no acepten a los mexicanos.

La ingenua charla de los capitalinos que regresaban de pasar una Semana Santa en Acapulco, se repite todos los años. El puerto no es para los turistas nacionales, ni para los que viven de servir al turismo que llega a sus playas — los acapulqueños.

Por las calles polvorientas, cuando no lodosas, con sus casuchas de piso de tierra, me adentré para conocer el otro Acapulco, el que no corresponde al llamado "Paraíso del Pacífico" por su lamentable estado. En las casas de los costeños no hay las ricas viandas que se sirven en el Pierre Marqués, el Presidente, el Hilton o en cualquiera de los soberbios hoteles que permitieron hacer de las tierras y las playas "ociosas", millonadas a sus nuevos dueños.

Los colores estrafalarios brillantes de los atuendos de los turistas, contrastan con la decoloración por el uso y el lavado constante de las ropas de los nativos. Muchos no llevan zapatos, pues están fuera de sus posibilidades. Aquí se da agua abundante y tibia en las albercas y sequía prolongada en el poblado y las colonias de los "paracaidistas"; limpieza extraordinaria en los lobbys de los hoteles y basura e inmundicia en las calles; centros de vicio y carencia crónica de escuelas (las pocas que hay, están en condiciones inconcebibles); supermercados para el turismo y tan sólo un mercado público, consideraciones para el "verdadero turista" color verde dólar, que se traduce en protección militar en las playas para que no se les moleste; "guías bilingües", letreros de orientación, etc., etc., y desatención, despojos, malos tratos, fraudes y demás, al miserable que no lleva los billetes verdes. Los problemas de paracaidismo se agudizan por los despojos oficiales que han sufrido los nativos. Hay dos Acapulcos, uno para los que pagan con dólares y otro con moneda nacional.

Sin embargo, en los titulares de los periódicos locales se anuncia que Aristóteles Onnasis traerá pasto de Hawai para su residencia en Puerto Marqués, que se planean grandes inversiones y mejoras para el puerto de los "amigos extranjeros".

¡Vámonos a otra parte!

Con mi equipo de siempre, en la ciudad de México pasaba encerrado tecleando los reportajes; o bien revelando las fotos para después entregarlas a la revista; ¡y vámonos a otra parte! Recuerdo que todos mis trabajos estaban hechos rodeado del mayor barullo que pueden dar cuatro niños, que corrían dentro y fuera de la casa. Dondequiera que iba, las quejas llovían como carretadas; cual más, cual menos, la gente quería decir en ese momento lo que por años había callado. Y esto, que se podía hacer fácil dentro de un lugar silencioso, se convertía en una pesadilla. Debía recordar los mínimos detalles, porque tal vez de ello dependiera la mejoría de una familia o su mala suerte. Estaba consciente de que lo que se escribía calaba duro a los que denunciaba; por las cartas que me llegaban de diversos lugares, felicitándome por el trabajo.

Sonora: pasto de latifundistas

Sonora, uno de los estados más grandes de la República Mexicana fue al azar seleccionado por mí, para saber qué pasaba en este lugar después de tanto dedicarme al centro y periferia de la ciudad de México.

Kilómetros y kilómetros de tierra en latifundios.

— ¡Ustedes son unos chantajistas! —dijo, tajante, Pedro Cedi11o González, jefe de la Delegación de Asuntos Agrarios y Colonización de Hermosillo, al grupo de campesinos sonorenses que había permanecido haciendo guardia durante días, a las puertas del despacho del representante del DAAC.

Dos meses antes Cedillo les había "resuelto" la dotación de tierras en los predios: Bajío de los Melones, Las Mestañas y la Noria del Verde, localizados en el municipio de Horcasitas, en el enorme latifundio que es el estado de Sonora, y el cual es patrimonio particular de dos docenas de familias sonorenses.

Los "ingenieros" del DAAC son quienes se las cuidan.

Los ejidatarios habían creído ingenuamente que cuando por primera vez enviaron sus escritos, donde denunciaban la ilegal posesión de tierras por la señora Guadalupe Cubillas de Larrinaga al Departamento de Asuntos Agrarios y Colonización, en la ciudad de México, allá por el año 61, ahora después de larga lucha y espera, de vueltas y más vueltas que tuvieron que hacer hasta la capital de la República, iban a trabajar la tierra y que todos sus esfuerzos no iban a ser en vano.

¡Ingenuos!

Su escrito sólo sirvió para poner alertas a los Cubillas, quienes avisados por los coyotes del DAAC empezaron a tener la inafectabilidad ganadera en el año 1963 y de allí fraccionaron el latifundio, contando con la complicidad de funcionarios del Agrario, quienes utilizaron a los campesinos como mina inagotable para extorsionar a los latifundistas al tiempo que mantenían latente en el ánimo de los aldeanos el consabido "ahora sí".

Las burlas que por partida doble gastan los del DAAC serían tema de risa para un hampón, si no fuera por el hecho de que éstos las hacen con quienes no pueden defenderse: los campesinos.

El "ingeniero" Horacio Álvarez Alcérreca, comisionado para el levantamiento de los trabajadores técnicos del Agrario de Hermosillo, se dirigió a los campesinos:

— ¡Me tendrán que acompañar para que sean levantados los estudios técnicos del latifundio!

Los hombres del campo, anhelantes de la tierra, brindaron lo poco que tenían a Álvarez, quien les ordenó trazar una brecha para dividir los terrenos.

Más de ciento cincuenta campesinos trabajaron sin descanso dos meses en estos quehaceres, sin imaginar que su esfuerzo estaba siendo utilizado como una maniobra más de Álvarez para chantajear a los latifundistas, que ya eran, además de los Cubillas, los hermanos Mario, Adolfo y Armando Navarro, quienes tan pronto le llegaron al precio al ingeniero mandaron cercar la brecha con sus pistoleros. Los campesinos, burlados, fueron al DAAC a denunciar la acción de los Navarro, pero en vez de escuchar su demanda Pedro Cedillo González, jefe del DAAC de Hermosillo, los acusó de chantajistas. Además, el ingeniero Eduardo Castro Enríquez, de la misma madriguera del DAAC, declaró terrenos cerriles e impropios para la agricultura a los llanos que reclamaban los hombres del campo. Esta falsedad me fue demostrada cuando, en compañía del anciano Juan Valenzuela Ochoa, fuimos en el fotingo —un vehículo del año 28 en el que se gana la vida vendiendo legumbres hasta la estación de Pesqueira y al municipio de Horca-sitas, "corriendo" por la carretera de Hermosillo a Nogales a 30 kilómetros por hora. Nos balanceaban los tráileres que pasan por ahí, llenos de todo tipo de carga que llevan hasta el vecino país del norte.

Los cactus a la orilla de los caminos dan la sensación de que, efectivamente, estos lugares son cerriles a los cuales poco o nada se les puede sacar, pues buen cuidado han tenido de ocultar la riqueza estos amos de Sonora, y lo han hecho por años, desde el porfiriato.

Kilómetros adentro, son enormes las tierras regadas por sistemas de aspersión, dando la impresión de que, al salir de la carretera, se entra por arte de magia al paraíso del cultivo y la vegetación. Los que se imaginaban futuros agraristas por la "resolución" de los funcionarios del DAAC me conducen por varios ranchos, donde hacen planes de nivelación con maquinaria potente para sembrar viñedos, naranjales y otros cultivos, propiedad de norteamericanos, mismos que alquilaron las tierras "cerriles e impropias para la agricultura", según el ingeniero Eduardo Castro Enríquez, del Agrario de Hermosillo, quien con sus socios estará riéndose y disfrutando de los trabajos de brecha que hicieron los frustrados ejidatarios.

En Sonora no se ha vuelto a dar un pedazo de tierra que sirva para la agricultura desde el término del régimen de Lázaro Cárdenas y todas las tierras de riego —que suman cientos de miles de hectáreas— son patrimonio de los Obregón, Calles, Mazón, Camou, Cubillas y otros.

En este estado, lo mismo que en el de Chihuahua, las cercas que dividen los latifundios tienen acorralados a los habitantes de las rancherías, quienes impotentes ante el poderío de los pistoleros de sus patrones, deben dar grandes rodeos para evitar malos tratos.

Por ejemplo, las cercas de Juan Pedro Camou, van desde Benjamín Hill hasta el Golfo de California, algo así como 200 kilómetros. Este señor es millonario únicamente por concepto de la leña muerta que hay en

' 'sus predios", misma que no utiliza; pero cuidado con que encuentren a un indio tomándola, pues éste es llevado en el acto ante los judiciales para que den cuenta de él.

Cosa semejante pretendieron hacer conmigo cuando me encontraba tomando fotos en la carcachita del señor Valenzuela, acción que pareció sospechosa a un capataz del rancho "El Sol", lugar donde se hacen nivelaciones para las siembras de viñedos, y quien en carro último modelo equipado con un radio dio aviso a los judiciales, los cuales nos interceptaron a la vuelta de uno de los caminos cercados para preguntar el motivo de nuestra estancia en esos parajes de propiedad privada. Dos camionetas llenas de pistoleros armados con M-l y pistolas calibre 45 nos cerraron la brecha por la que penosamente transitaba el fotingo del 28, sin lugar a dudas con las intenciones que tiene todo policía-pistolero cuando intercepta a un ciudadano.

— ¿Qué andan haciendo por este camino? —interrogó un bandolero habilitado de policía. Le contestó Juan Valenzuela:

—Vamos a Horcasitas, pero como no conocemos bien por acá, entramos por este camino.

— ¿Así que están perdidos? —rió con sarcasmo—. Por estos lugares se roban mucho las naranjas (se da la naranja en los terrenos "cerriles") y hemos recibido muchas denuncias de que vienen en camionetas por ella —decía al mismo tiempo que sus secuaces husmeaban la carcacha hasta por debajo de la carrocería; pero corno en ella no se llevaba ni siquiera una cascara, Juan Valenzuela se atrevió a contestar:

—Nosotros no somos capaces de robar, revise bien, y verá que el carro no lleva nada.

—No son capaces. . . no son capaces —ladraba un jovenzuelo, caricatura atroz de verdugo contra su pueblo, con la mano en la pistola.

No encontraron nada, ni siquiera un pretexto con qué empezar a hacer lo suyo, a pesar de que sus miradas parecían tener la ira de quien encuentra al violador o al ladrón infraganti. Por cierto, miraban la cámara fotográfica en espera de que intentara algo para empezar, pero al ver que mi semblante era sereno, pero alerta, optaron por decir:

—Pueden irse, pero cuidado con andarse extraviando en terrenos ajenos —acabó por decir el jefe.

Continuamos el viaje con los policías vigilándonos al paso por los ranchos que están a la orilla del camino al municipio de Horcasitas, desde donde se puede ver la forma en que tienen a la peonada: en casas destruidas de los que fueron cascos de haciendas porfiristas, con niños desnutridos jugando entre los excrementos de vacas y cerdos.

El acompañamiento policiaco terminó en uno de los jacalones habitados por los peones. No volvimos a ver a los judiciales, porque se cansaron de jugar al gato y al ratón.

Hasta lo que fue una floreciente fábrica textil —ahora en ruinas— llegamos en el Ford, que eso sí contaba para casos de emergencia con dos llantas de repuesto y su garrafón de agua para cuando se calentara.

Nos detuvimos en la estación de Pesqueira, lugar de paso del ferrocarril del Pacífico, donde existe todavía el pozo con que se surtía de agua la máquina de vapor; ésta subía sola, sin necesidad de bombeo. A sitios como éste le tienen especial cuidado los ingenieros de Recursos Hidráulicos, donde también se "protegen" los mantos acuíferos con un celo desmedido al prohibirse la perforación de pozos, y donde los contados ejidatarios, algunos yaquis que sobrevivieron a la matanza de su raza y que fueron dotados en la época cardenista, por más que piden permisos para perforar y así regar sus parcelas, de una o dos hectáreas, no se los extienden, palpándose el contubernio de los de recursos hidráulicos con los rancheros que tienen en explotación miles de hectáreas con modernos sistemas de aspersión; sus tierras semejan la tierra prometida que arranca suspiros a los hambrientos desde atrás de las alambradas. El regreso a Hermosillo es después de ver kilómetros de terrenos "cerriles" que cuentan con todo tipo de siembras (naranja, nogal, cártamo, tomate, algodón y otros productos), y que por ser de primera calidad se exportan a los Estados Unidos.

Sonora, o El Gran Chaparral

Me dio pena el regreso al pensar que les había quitado un día de trabajo a mis acompañantes. Don Juan comentaba con Sebastián que teníamos que llegar (30 kilómetros por hora) a Hermosillo antes de que cerraran el mercado número tres, para surtirse de verduras que debe vender en las colonias pobres en la mañana, para sacar lo del gasto.

Llegamos a Hermosillo al anochecer y ya ni disculpas me valían ante estos hombres, que desde el amanecer brindaron lo que tenían de transporte y, además, arriesgaron terminar en la cárcel acusados de ladrones de naranjas. Les prometí, eso sí, que sería honesto al escribir tal cual vi las cosas; y con ello quedaron agradecidos.

— ¡En Sonora, la opinión de los hermanos Mazón es la opinión de Dios!

Efectivamente, ni las hojas de los árboles se mueven sin la opinión de los Mazón, ¡amos de Sonora!

Hubo una época política que importaba hablar de latifundios, si éstos se localizaban en este estado. Lo primero era mencionar el de los hermanitos

Obregón, hijos del general Obregón, los cuales son poderosos, pero no como los "chapines" Mazón (el chapín en Sonora es aquella persona que apenas pasa del metro y medio de estatura). Estos "pequeños propietarios" radican en la ciudad de Hermosillo, en la colonia que el pueblo ha dado en llamar "El Gran Chaparral", por estar concentrados en ésta todos los "chapines". Sus fortunas se miden en cientos de millones de pesos (ahora deben ser billones), sacados gota a gota de la sangre de la peonada, que es tratada peor que animales de tiro, y que por añadidura, les fue rematada a los "chapines" como en subasta pública, cuando les vedaron las facilidades para emigrar como braceros a Estados Unidos a todos aquellos parias, peones y campesinos que jamás podrán aspirar a poseer una parcela ejidal o una pequeña propiedad agrícola; al contrario, en lo que les reste de vida serán tratados como bestias de carga por los "chapines", amos de Sonora.

Cargando con mujeres e hijos de estado en estado, lo mismo en la pizca del tomate en Sinaloa, que en Sonora la del algodón y la naranja, la peonada sigue el derrotero de las pizcas del noroeste, sin más enseres que los que arrastran. Trabajan en jornadas agotadoras de "sol a sol", durmiendo en los campos al raso libre, igual o peor que las fieras, comidos por los enjambres de mosquitos que se reconcentran en los campos de algodón y otros cultivos.

En el barrio de Santa Isabel —al otro extremo de "El Gran Chaparral"— se construyó el "Edificio

Control" para, según refiere el letrero que tiene a las puertas de su entrada, resolver con decoro la atención médica, alojamiento, alimentación y movilización de todos aquellos trabajadores eventuales, que cada año llegan a esta región cooperando con el sector agrícola. Y hasta "Control" arriban peones de Michoacán, Guerrero, Oaxaca, Hidalgo, Guanajuato, Jalisco, etc., que huyendo de la miseria en que se debaten en sus estados, arriban a estas tierras del norte, encontrándolas con características propias del esclavismo. Aquí, lejos de su región, de su gente, tienen que trabajar por los jornales que se les impongan o no encuentran acomodo en ninguna otra parte.

Hasta el interior de "Control" llegan los de la judicial a sacar a los reos de delitos "graves". Hablé con docenas de hombres del campo, lirados sobre el suelo de los galerones de "Control", el edificio que fue hecho "para resolver a nivel decoroso el alojamiento"; al principio no sólo no me hacían caso, sino incluso me rehuían.

- ¿Cómo te llamas, amigo?

— ¿Para qué es la pregunta? Yo no debo nada en ninguna parte.

—No te vengo a acusar de nada, solamente quiero que les digas a los lectores de la revista en que trabajo lo que sientes, lo que te aqueja o lo que deseas.

— ¿Y eso de qué me servirá?

—Podría mejorar el trato que recibas en estos campos.

—No lo creo, pero me llamo José Corrales Ramírez, de la Ruana, Michoacán, tengo 23 años, y desde que era niño ésta es la única forma que conozco de ganarme la vida.

— ¿De dónde llegaste, ahora? -De la estación de Guamúchil, del campo Mamoa Wilson.

— ¿Cuánto ganabas ahí?

—De 22 a 22.50 pesos diarios, pero de eso pagaba ocho de comida, así que échale cuentas, para que veas cuánto salía ganando.

— ¿Eres casado o soltero? ¿A cuántos mantienes?

—Tengo mi jefecita en Michoacán, le mando sus giros.

— ¿Cuánto le mandas en los giros?

—Cincuenta pesos, ¡cuando trabajo!

— ¿Y cuánto te cuesta mandar un giro de cincuenta pesos?

—Cinco cincuenta.

— ¿Estás trabajando actualmente?

—No.

— ¿De qué vives entonces?

—Los camaradas, los hermanitos, me dan para cuando a ellos les falta yo les responda.

Monserrat Aguilar Aldaco escuchaba la conversación. Dijo ser ladrillero, adobero, tractorista, pizcador, trabajador de "todano" y conocido de todos por su buen comportamiento; de 38 años, soltero (asegura tener muchas hermanas solteras y según su muy peculiar manera de decir las cosas "unas honradas y otras no"), me insistía para que denunciara al administrador de la hacienda "Casas Grandes", de Ciudad Obregón, quien no quiso pagarle la semana de pizca que trabajó, corriéndolo del campo sin permitirle llevar agua para el camino aun cuando éste queda a más de 40 kilómetros de la ciudad, lugar al que llegó pidiendo limosna por estarse muriendo de hambre y sed. Ese sujeto corrió a Monserrat porque le reclamó que la báscula estaba pesando de menos, delante de los otros peones.

Las quejas llovieron.

—Si protestamos, nos echan a los de la Judicial. El kilo de algodón pizcado lo pagan a 30 centavos, y esto es desde que se empezó a sembrar en estos valles, y todavía nos hacen trampa en las básculas, nos hacen comprar las bolsas en que pizcamos el algodón. Hay patrones que exigen que estos —35 pesos— les sean pagados en la primera semana de raya. . .¿De dónde vamos a sacar esta cantidad si a veces tenemos semanas de no trabajar? Lo peor es que no podemos protestar ni aquí ni allá, ni en ninguna parte, porque nos quitan lo poco que nos dan y las familias sufren cuando no trabajamos y no les mandamos el giro.

En los campos agrícolas de los Mazón, los naranjales y nogales están protegidos por cercas dobles y triples. Estos campos se ven desde los sembradíos de algodón, donde los peones llenan los costales de lona que les son vendidos por la suma de treinta y cinco pesos. En esas mismas tierras, el doctor Federico Valenzuela, director del 1MSS de Hermosillo, posee grandes extensiones en unión de su familia; latifundistas por tradición, el año pasado, por indiscreción de uno de sus empleados de confianza, se supo que las básculas de los Valenzuela escamotearon a los parias Jornaleros la cantidad de 23 toneladas diarias y que la suma total llegó a miles de toneladas, cantidad que dejó un total de 180 mil pesos libres por concepto de robo en las básculas. Sin embargo, el Seguro Social, al cuidado del doctor Federico Valenzuela, hace descuentos a los campesinos por el cuidado de su salud; pero les receta Penprocilina así tengan lo que tengan.

Los Mazón poseen más de doce mil hectáreas, todas sembradas de algodón, naranja, cártamo, nogal, etc. En las páginas sociales del periódico El Imparcial de Hermosillo, se lee: "Reconocimiento al hombre de negocios, don Gustavo L. Mazón, por sus dotes de comerciante, agricultor, hombre de empresa. . . El cual fue agasajado con elegante cena servida en uno de los salones del Casino Hermosillo, quedando a cargo de éste la voz del noreste para que haya más fluidez y canalización de recursos de esta pujante cuanto progresista región." La página entera está dedicada a los señores Mazón, y en ella se insertaron ocho fotografías en blanco y negro, en las que se repite hasta el cansancio: "Don Gustavo, Don, Don, Don. . ."

Al día siguiente, en esas mismas páginas de sociales, el excelentísimo señor Arzobispo de Volturara, doctor Juan Navarrete y Guerrero, bendijo la unión de la señorita Valenzuela, a quien El Imparcial dedicó el siguiente encabezado: "Permíteles que vean su tercera y cuarta generación."

Salí de Hermosillo convencido de que el Arzobispo de Volturara tenía razón. Mis anteriores visitas a las cárceles de La Mesa, en Tijuana, donde los que se rebelan pronto son convencidos de un error, más la forma determinante en que acabaron con el Valle de Mexicali las grandes compañías norteamericanas, permiten ver sin apasionamiento que lo que es del César es del César, y lo que es de Dios es de Dios. Por algo será.

Mi regreso al centro de la República toca necesariamente al puerto pesquero de Guaymas, en Sonora, cuya ubicación geográfica (una bahía a salvo de tempestades y oleajes imprevisibles) la hacen un dechado de la naturaleza.

Desde el "Monte Lolita" se domina la bahía; la callejuela principal sólo es transitada por las pipas de agua con grandes trabajos, a causa de los enormes baches que amenazan lanzar a las carcachas cargadas de líquido sobre los jacales construidos de desperdicios industriales. Aquí viven los pescadores, pero principalmente los aldeanos (hasta allá llegaron) venidos de las regiones sonorenses, donde fueron desplazados por los acaparadores de la tierra, como los hermanos Mazón, Cubillas y otros que a través de sus capataces tienen fichados a los campesinos menos aptos o que simplemente protestan, para no darles ningún trabajo.

La cárcel municipal, estratégicamente situada en la avenida de las cantinas, ahorra el traslado de los borrachínes, pues "con el deseo de proveer las necesidades de los habitantes" el Ayuntamiento se ha convertido en rey de burlas de los visitantes: hay tabernas precisamente enfrente de las rejas.

— Mi hermano Carlos gana buenos centavos —decía con amargura un estudiante de secundaria, al que encontré vagabundeando por el malecón— pero es muy borracho, no le alcanza lo que gana en derrocharlo en las cantinas y a veces se está días enteros chupando.

Catorce cooperativas pesqueras surten las empresas privadas que exportan el camarón de primera a los Estados Unidos, en tráileres. Los dirigentes de las cooperativas, al estilo de Febronio Escobar, reparten vales por cartones de cerveza, barricas o por botellas de licor, según lo prefieran los pescadores. Este líder tiene quince años de mantenerse en el puesto por medio de estos vales.

Las vedas para acabar con las especies son insuficientes. Están hiendo extinguidos los recursos marinos por las necesidades de los pescadores acosados por una fuerza mayor que el hambre: el vicio.

Los andenes del express de Guaymas están atiborrados de cajas que contienen licores, que van desde ron, tequila, brandy y mil bebidas más, que sólo están el tiempo indispensable dentro de las bodegas, ya que pronto son vaciadas para cambiarlas por los vales expedidos por los líderes de las cooperativas.

El nombre de cooperativa sólo es un subterfugio más mediante el cual se pretende engañar a los marinos. La verdad es que éstas pertenecen a empresas privadas, las cuales aportan las embarcaciones mientras que los dirigentes o líderes, vienen a ser los capataces que contratan a la gente. Los arrendadores se quedan con el 45 por ciento de las utilidades.

Las tripulaciones que deberían ser de seis marinos, procuran que sean de menos para repartir las ganancias entre cuatro o cinco independientemente; así, resulta mejor para el arrendador y al líder por el porcentaje que se apropian. El problema estriba en los pescadores que no son incondicionales; éstos quedan fuera de los beneficios del mar.

La dominación del pueblo de Guaymas por parte de los arrendadores es total. El regidor Víctor Viadem es el dueño de los barcos camaroneros.

La colonia americana en el lado opuesto de la bahía es lo único verde en el panorama de cerros pelones. La falta de agua en las colonias populares, como la "Monte Lolita", ha ocasionado que un bote de agua de

20 litros cueste un peso, y es necesario un bote, por lo menos, para el baño y necesidades de cada "pelado" según expresión de un indio yaqui oriundo de

Cananea, que vive amontonado en un jacal de cuatro metros cuadrados con su familia de seis hijos.

En toda la zona de pescadores, al igual que las campesinas, abundan las necesidades. En mis visitas por la República, no encontraba una solución para los menesterosos, a todos ellos que jamás tendrán la bendición de los Arzobispos, como el de Hermosillo (¡y qué bueno!), porque permitirles ver su tercera y cuarta generación a estos desdichados, es lo mismo que desearles la tortura eterna y a cuentagotas. Recordaba las palabras del trabajador "cuije" del puerto de Veracruz: "En un futuro no muy lejano serán colgados de los árboles lo mismo políticos que periodistas." Verdaderamente gran culpa de la miseria en que vive el país la tenemos los periodistas. La mayoría se ha convertido en unos bribones chantajistas, cuando este oficio debe tomarse como un apostolado al servicio de la humanidad.

Cuanta obra o beneficio se levanta para mejora del pueblo, no tarda en ser ocupada por los que en una forma u otra son más audaces o bribones, individuos que, en materia de robos y fraudes, no les piden nada a los grandes pillos de cualquier nación, sea o no subdesarrollada, como se puede comprobar con las noticias que de vez en cuando tienen que salir; esto convierte a miles, y luego a millones, en parias que deambulan de un lado a otro en espera de que cese la maldición.

El contraste entre un trabajador organizado y otro sin afán, sin ilusión, me es presentado en la cooperativa campesina "Culiacancito", donde los campesinos bajo la dirección del DAES (Desarrollo Agropecuario Ejidal Sinaloense), han convertido los campos que laboran en fuente de riqueza para ellos y sus familias. Este ejemplo lo ofrecen 152 ejidatarios trabajando 1 530 hectáreas. Ellos mismos aceptan que "aquí todo el que trabaja tiene un sueldo a la semana, y al final de la cosecha participa del ciento por ciento de las utilidades. Realmente somos asalariados de nosotros mismos".

—Realizamos tres siembras: garbanzo, cártamo y sorgo. La mejor fue la del garbanzo, pues obtuvimos un promedio de 1800 kilos por hectárea. Sólo del forraje que dio el garbanzo quedaron buenas utilidades.

Contemplar los cerros de costales, apilados en pleno campo, líenos de garbanzo de excelente calidad y maquinaria propiedad de la cooperativa "Culiacancito" —a quienes también se les conoce como los "comunistas"— y ver a los hombres del campo felices, conversando familiarmente con el ingeniero Manuel Izunsa, dirigente del DAES de Sinaloa, me hace recordar al escritor soviético Miguel Sholojov, autor de Campos Roturados, novela que debiera ser libro de cabecera de tanto funcionario público mexicano, pues en ella podrían asimilar el gran amor del escritor a su tierra y a los hombres.

Por el camino de regreso lamento que esa cooperativa sea el único experimento en el estado, dominada por la pequeña propiedad, a pesar de que las estadísticas demuestran que el ejido tiene mayor cantidad de hectáreas. ¿Por qué no otros "Culiacancitos", lugar donde los ejidatarios por primera vez en su vida están organizados por la buena voluntad de ingenieros? Contrario a la moda de los del DAAC de Sonora, estaban demostrando que organizar es prosperar, que no existe el náufrago que desprecie la mano salvadora, que es mentira que sólo seamos flojos y apáticos.

En síntesis, el panorama del campo lo dominan los grandes latifundios, que gozan de inafectabilidad gracias a obscuras componendas; el otro, los ejidatarios muertos de hambre, que dependen de los caprichos de la burocracia norteamericana que abre o cierra sus puertas al comercio de la frontera cuando le viene en gana; y en medio de este drama surge la cooperativa de "Culiacancito" que, bajo la dirección del Desarrollo Agropecuario Ejidal Sinaloense (DAES), enseña a explotar la tierra con técnica avanzada, para beneficio de los campesinos y sus familias.

Soñar no cuesta nada.

6. —LA MUJER DE LA ROSA

La información proveniente de las montañas guerrerenses de que Genaro Vázquez Rojas, maestro normalista levantado en armas por las injusticias cometidas en contra de los campesinos, en el estado en donde el profesor había sido dirigente de la Asociación Cívica Guerrerense, filial del Consejo de Auto- Defensa del Pueblo, de la Liga Agraria Revolucionaria del Sur "Emiliano Zapata", de la Unión Libre de Asociaciones Copreras y de la Asociación de Cafeticultores Independientes entre otras, desde las cuales el profesor Genaro había luchado por los desposeídos pacíficamente; y que más adelante fue hecho preso al salir de unas oficinas de la ciudad de México, para trasladarlo a Iguala, Guerrero, donde fue encarcelado por delitos que lo mantendrían preso de por vida, motivó que sus simpatizantes organizaran su fuga, que en su momento fue desplegada con grandes titulares en los periódicos de la capital. Como no se logró su captura, a pesar de que se designó una gran fuerza militar para ello, el maestro se remontó a la sierra guerrerense y desde ahí se sabía, por medio de las acciones que acometía, que estaba vivo y que había formado una guerrilla compuesta principalmente de campesinos para luchar contra los caciques y terratenientes del estado.

La idea de ser el reportero-fotógrafo que tuviera la primicia de entrevistar a Genaro Vázquez Rojas, que para ese entonces se empezaba a tornar en leyenda desde las montañas de Guerrero, se me fue clavando como una espina en el cerebro. Para lograrlo dedicaba lo exiguo de mis ganancias a viajar a Acapulco, buscando el ansiado contacto que me hiciera acreedor a ser (nuevamente el burro al agua) el reportero chingón y no uno más dentro del montón de anónimos tecleadores, que nadie leía, tomara en cuenta y mucho menos estimara

Conocí muy de cerca a Alfredo de la Rosa Olguín, dibujante y diseñador, con quien hice recorridos aventureros por diversos lugares del país. Alfredo, chaparrito, moreno, de ojos expresivos, elocuente y de excelentes sentimientos para con los desposeídos, resultó el compañero ideal para la elaboración de los reportajes.

Una vez quisimos descender por el Usumacinta lo más que se pudiera, como habían hecho otros aventureros. No lo logramos. Un temporal pésimo nos mantuvo inactivos en la ciudad de Comitán. Fuimos a Huautla, Oaxaca, donde estaban los hongos alucinógenos. En fin, se llevaría muchas cuartillas relatar estas aventuras que terminaron hasta que el brazo de la justicia mantuvo a Alfredo unos años traslas rejas, por los delitos de asociación delictuosa, portación de armas prohibidas, acopio de armas, lesiones, amenazas, robo, daño en propiedad ajena, incitación a la rebelión, etc. Con él tenía planeado compartir el trabajo de las guerrillas en Guerrero. En una ocasión me acompañó hasta Acapulco y otros lugares; como Coyuca de Benítez, sitios donde por mis contactos anteriores conocía a gente que me podía tener confianza; pero desgraciadamente estaba picando chueco y perdía tiempo y dinero.

-¡Soy guerrerense, he hecho trabajos de guerrilleros en Colombia! Me considero lo suficientemente honesto para publicar todo lo que diga el maestro Genaro. ¡No hay otro! Mario Menéndez está preso — explicaba.

En una ocasión, un compañero de la revista me dijo: —Vinieron a buscarte dos veces.

— ¿Quién? —pregunté.

— Una mujer. Te dejó este recado. — ¿Es bonita?

— No sé. . . yo no la vi. Cuando te vea te hablará.

—Okey, gracias.

No era extraño que llegaran a buscarme a la revista; me llegaban cartas a la redacción de Tijuana, Hermosillo, Mexicali y otros sitios con saludos y felicitaciones por lo que publicaba. Por lo tanto, abrí el sobre. Decía en forma lacónica: "Lo espero el viernes a las cinco de la tarde en la puerta central de Catedral. Para que me conozca voy a llevar una rosa en la mano. Vaya solo. Es un asunto que le interesa". Al principio pensé que podía ser una trampa y que ni caso debería hacer del misterioso mensaje. Pero al mismo tiempo no tenía nada que perder si por curiosidad iba a ver de qué se trataba, puesto que la persona que me enviaba el recado me conocía y, además, podría resultar algo bueno.

Ese viernes, a las cinco en punto, me vi dando vueltas como escolta a las puertas de Catedral. Cuantas mujeres pasaban las miraba hacia las manos. Muchas deben de haber creído que se trataba de un maníaco sexual o de un loco, por mi insistencia. No veía a nadie que ostentara rosa alguna. No sabía qué hacer, si largarme y mandar al diablo a la tarada, que me estaba haciendo pasar por idiota; o era víctima de alguien que me estaba haciendo una mala jugada. Más o menos a las 5:30 de la tarde alcancé a divisar a una mujercita flaca, de ojos grandes, tez clara, con el pelo de permanente, que llevaba una rosa en la mano y

me dirigí a ella de inmediato.

— ¿Usted es la persona que me dejó un recado en la revista para que la viera a las cinco de la tarde?

— ¿Usted es Armando Salgado?

—Así es —contesté.

— ¿Quiere llevarme a donde nos tomemos un café o un refresco? —tomó la iniciativa.

— ¿Dónde le parece mejor?

—Es igual, el asunto es no estar parados en este lugar.

No pensé que hubiera romance de por medio, ni nada que se le pareciera, pero hasta ese momento todo estaba muy raro y más aún porque Concepción Solís Morales (nombre verdadero de la persona con quien estaba, y que conocí meses después) me dijo llamarse Rosa, y se limitó a caminar a mi lado sin pronunciar palabra alguna.

Ya en una cafetería de las calles de Brasil y después de pedir un café capuchino para ella —el mío negro—, medio relajada empezó a sondearme, preguntándome si me interesaría hacer un reportaje del maestro Genaro. Me puse alerta, pero al mismo tiempo aumentó mi interés en la mujercita que tenía enfrente, al grado de que de inmediato le dije que sí, que eso era lo que estaba buscando desde hace mucho tiempo. Entonces ella me dio a entender que pertenecía a la gente que estaba en la ciudad, aprovisionando a la guerrilla de lo que necesitaba, pero que era muy peligroso y todas esas cosas que se dicen cuando la gente está o se siente vigilada por lo que hace, o cree hacer. Al notar que yo no daba señales de nerviosismo ni algo que la pudiera alertar, me preguntó qué tan libre tendría mi tiempo para el momento que pudiera volver a contactarme; le contesté que, para ese trabajo, las veinticuatro horas del día estaba a la orden.

Nos despedimos dándonos las gracias mutuamente y ella quedó de hablar en mi favor con el maestro

Genaro, para que yo hiciera el reportaje. Me llamaría en cuanto tuviera noticias.

Paso el tiempo hasta que, llegado el momento, me avisó la "compañera Rosa* que estuviera listo, porque habían aprobado el reportaje sus compañeros de la sierra. La suerte estaba echada y decidido a obtener el triunfo periodístico, fui hasta Acapulco para entrevistarme con las personas que me conducirían con el maestro Genaro. Una anoche, sin que lo esperara, varios individuos me invitaron a abordar un automóvil para iniciar el viaje hacia la sierra guerrerense.

Una exigencia en el trayecto: Silencio absoluto.

El vehículo devoraba distancias, y al cabo de dos horas se detuvo en un paraje solitario, a un lado de la carretera, donde aguardaban unos "guías". De ahí en adelante el viaje lo haríamos a pie, ayudados por la luz de la luna. Eran las dos de la mañana.

Iniciamos la caminata. Al principio, por el terreno plano y el ladrido de los perros, deduje que pasábamos cerca de algún poblado. A las tres de la madrugada se inició el ascenso en medio de innumerables piedras. El guía golpeaba con el machete las rocas para ahuyentar a las víboras que, según me informaron, eran abundantes en esos lugares.

Al notar mi cansancio, uno de los guías, campesino, se ofreció a cargar mi equipo de trabajo: cámara fotográfica, grabadora y ropa que llevaba en una maleta.

Subir, subir, subir, con muchos esfuerzos y tan solo alumbrados por la pálida luz de la luna. Los campesinos saben perfectamente que las lámparas sordas se distinguen en estos lugares desde sitios muy lejanos y por eso no se atreven a alumbrar con nada. Sería tamo como delatarse.

Al amanecer, dos hombres salieron al encuentro y lo primero que preguntaron era si estaba cansado.

—Sí, pero puedo seguir —contesté.

Descansamos en un riachuelo, lugar donde llegaron los guías; desde ese momento quedé bajo la responsabilidad de los nuevos relevos. Luego de una hora de descanso iniciamos la marcha. Caminamos a buen paso por bellos senderos, en comparación con lo penoso que había sido de noche y a oscuras. A las dos de la tarde, todavía sin tomar ningún alimento y únicamente bebiendo agua de los arroyuelos que estaban por los caminos y rodeados de una exuberante vegetación, uno de mis acompañantes dijo:

— Ya llegamos, detrás de aquellas palmeras nos están esperando los compas.

— ¡Al fin! —pensé con alivio. En el punto indicado nos aguardaban no menos de quince guerrilleros, que portaban armas automáticas de largo alcance.

7.—CON GENARO VÁZQUEZ

Me preguntaron sobre el viaje y se rieron de buena gana al contemplar mi estado físico. Más tarde, de la espesura, apareció Genaro Vázquez Rojas, acompañado de otros cinco guerrilleros, quien sonriente me saludó al mismo tiempo que me preguntaba si tenía hambre.

—Debes estar muy hambriento, paisano, mejor que primero comas y después platicamos —me sugirió el maestro, amablemente.

—Por órdenes superiores, compita, y para que no adelgaces durante tu estancia en las guerrillas y también para que no te lleves una mala impresión de nosotros, te daremos carne todos los días. . .

—No precisamente de mono, compañero —terció uno de los muchachones armados, dijo Guadalupe

Fierro.

Fui presentado a todos los guerrilleros; sin armas, su aspecto no cambiaba en nada del de los campesinos guerrerenses. No había ferocidad alguna que indicara que me encontraba entre "bandoleros", ni mucho menos entre forajidos, como los que relata en *El Zarco* Ignacio Manuel Altamirano.

En una de las muchas pozas me di un buen baño, con lo cual me sentí descansado y listo para empezar a trabajar con cámara y grabadora, pero el maestro Genaro prefirió que iniciara la entrevista hasta el día siguiente.

Me encuentro nuevamente dentro de otro grupo guerrillero. Tal parecía que la suerte o destino quería probarme de nuevo, después de los años transcurridos en relativa calma, haciendo reportajes de cierto peligro, pero ninguno como estar con hombres que han decidido levantarse en armas.

Cenamos carne asada (cecina), frijoles y café: me dieron una hamaca de nylon en la que dormí profundamente. Al otro día me presentaron a Ignacio, viejo líder agrarista, originario de Tlacotepec, acusado en numerosas ocasiones por los caciques guerrerenses de actividades subversivas, preso en tres cárceles y finalmente integrado a la A.C.N.R.

Por las noches yo veo donde otros no ven. . . cuando camino por la sierra, mis pasos no se oyen. A pesar de mi edad (46), siento como si tuviera 16 o 17 años. Mi vida ha sido siempre a través de veredas, si las hay, o dentro del monte espeso.

Y agrega:

Todo lo que pedía al gobierno era justicia; lo hacía por medio de papeles. A nada dio solución; por el contrario, nos echaba a los federales para acabarnos.

Cual más cual menos los del campamento me saludaban y se iban a sus quehaceres, en un ambiente tranquilo, sin demostrar mucha curiosidad por mi persona.

Desde diversos lugares empezaron a llegar campesinos de la sierra cercanos al campamento "José María Morelos", bautizado así por el maestro Genaro en honor del cura guerrillero, quien también luchó en estos lugares contra la dominación española del siglo pasado.

Luego de abrazarse y chancearse brevemente, campesinos y guerrilleros se sientan respetuosamente en donde mejor se acomodan, para escuchar las palabras del profesor Vázquez Rojas, quien llama asambleas a este tipo de reuniones. El maestro Genaro se dirige a los campesinos:

Compañeros campesinos: las condiciones miserables e infrahumanas impuestas por la oligarquía, en perjuicio de las mayorías de nuestro pueblo, hacen necesarias, una vez más, las montañas del sur del país. Estos montes que sirvieron de trinchera a nuestros héroes de la Independencia y Revolución, serán escenario de la última batalla que la clase campesina tiene que lograr para su total liberación. Nuestro pueblo está al tanto de la preparación y la generosidad de este grupo armado. La burguesía y los caciques, deshonestos y voraces, sintiéndose apoyados por las tropas (primero las nuestras, donde están nuestros hermanos de sangre y después las del imperialismo norteamericano), al igual que en otros tiempos, se considera intocable y eterna y abusa de esta situación de privilegio para humillar y asesinar a las masas de hambrientos campesinos y obreros, que reclaman justicia o piden que sus derechos sean respetados.

Todos asienten con ligeros movimientos de cabeza. Ellos están ahí por las injusticias que les han infligido los caciques.

Genaro continúa:

—Se luchó por todas las formas posibles y legales que la oligarquía impuso al pueblo. . . Y ya nos cansamos de hacerles el juego. Miles de papeles con quejas pasaron por mis manos, sin que jamás una sola de éstas fuera resuelta en forma razonable para los campesinos; por el contrario, el cacique y la autoridad nos daban respuestas crueles.

Genaro eleva el tono de voz:

—Por eso, la matanza de Chilpancingo, donde perdieron la vida estudiantes y vecinos de la población; por eso también el asesinato en masa de los humildes de Iguala, el sacrificio de docenas de copreros de Acapulco, la masacre de Tlatelolco.

Genaro hace un paréntesis para observar la reacción de los visitantes. Sigue:

—Compañeros, a pesar de los esfuerzos que requiere esta guerra, es preciso llevarla a cabo hasta sus últimas consecuencias, para terminar de una vez, para siempre con los caciques que se han apoderado de las tierras y de todo aquello que produce alimentos. Nuestros hijos no deben seguir siendo peones de sus hijos.

Y enfatiza:

—Desde ahora deben combatir a sus enemigos con las armas en la mano y en el terreno que ellos desconocen, y cuando ustedes, compañeros, no soporten más el asedio y las persecuciones, únanse a este grupo armado, donde serán recibidos con la confianza demostrada desde que nos conocimos.

Al atardecer, rodeado de guerrillas y campesinos visitantes que escuchan con atención, se inicia la entrevista con el profesor Genaro Vázquez Rojas.

--Profesor —pregunto—, tengo entendido que usted ha luchado a favor de los campesinos y guerrerenses en general desde su juventud, ¿me podría decir qué lo impulsó para que haya llegado a tomar esta determinación: levantarse en armas contra el gobierno?

—Primeramente le diré que soy originario de San Luis Acatlán, municipio de Tlalistlahuaca, perteneciente al Estado de Guerrero. Tengo 38 años y soy hijo de un líder campesino con quien desde niño asistía a las asambleas de los ejidatarios, cursé mis estudios en el internado Francisco I. Madero, de la ciudad de México, de ahí pasé a la secundaria Rafael Dondé y luego a la preparatoria de San Ildefonso, la Escuela Nacional de Maestros y la Facultad de Derecho de la Universidad Autónoma de México.

"Durante mis estudios y luego en el ejercicio de mi profesión, jamás perdí el contacto con los paisanos guerrerenses. Siempre me exponían sus problemas y me designaron su representante ante el Departamento Agrario."

El maestro Genaro habla pausadamente. Y yo escucho:

"Para dedicarme de lleno a la solución de los problemas agrarios abandoné mi plaza de maestro y me responsabilicé de las asociaciones campesinas de mi Estado. Las uniones UPA, UPIC, ULAC y UTP, integradas por copreros, cafeticultores, ajonjolineros y de la palma, formaron en 1959 la Asociación Cívica Guerrerense, a cuyos miembros se les conoció como los cívicos."

"La ACG movilizó al pueblo contra el gobierno arbitrario del general Raúl Caballero Aburto, quien fue destituido; también protestó enérgicamente por los bajos precios que las compañías norteamericanas representadas por los caciques de la región pagaban por los productos de los campesinos."

"El régimen, entonces, ordenó la represión implacable contra los dirigentes de la Asociación Cívica Guerrerense; desconoció a los ayuntamientos populares de Atoyac y Coyuca de Benítez —cercanos a Acapulco—, y numerosos ciudadanos se vieron obligados a salir del Estado."

Afuera la tarde empieza a caer.

"En lo personal, recorrí el país y trabajé como jornalero en los campos tomateros de Sinaloa y algodoneros de Sonora. En estas entidades hice contactos con grupos campesinos, que luego crearon la Central Campesina Independiente."

"Sin embargo, debido a las limitaciones y ambiciones de los dirigentes de la CCI (concretamente Ramón Danzós Palomino y Alfonso Garzón Santibáñez), la ACG discrepó y se solidarizó con los campesinos que deseaban una lucha auténtica por obtener su liberación."

"Por aquel entonces, el gobierno de Guerrero, impuesto por los caciques y el presidenciable Donato Miranda Fonseca, ordenó mi aprehensión, y ésta se logró en la ciudad de México, en noviembre de 1966, a las puertas del Movimiento de Liberación Nacional, lugar al que llegaron ocho individuos, quienes me trasladaron a Chilpancingo y luego a la cárcel de Iguala. En aquella ocasión, llevaba mi arma guardada, de lo contrario nunca me hubiesen agarrado con vida.

— ¿Qué delito le imputaron?

-El asesinato de un policía que me vigilaba durante la asamblea pública celebrada en Iguala, Guerrero, en diciembre de 1962, y oíros siete delitos que me condenaban para toda la vida. Continúa:

— Mi diferencia jurídica se desarrolló dentro de los cauces establecidos por la Constitución. Abogados inteligentes echaron por tierra las acusaciones y el gobierno, al percatarse de que resultaba un imposible comprar a mi defensa, optó por hostilizarla con pistoleros de la policía judicial, quienes amenazaron de muerte a los abogados si retornaban a Iguala. Esto me lo notificaron Mario Padilla y Raúl Sánchez Perea, abogados a los que guardo profundo agradecimiento. En esas circunstancias y para evitar que mis defensores sufrieran las consecuencias de la represión,'les pedí que dejaran al pueblo de Guerrero, única y exclusivamente, la defensa de mi caso.

Se toma un trago de café y prosigue:

La Asociación Cívica Guerrerense y la población de Iguala me ayudaron en forma decidida. Todos los días gentes humildes me llevaban comida y hacían guardia frente a la cárcel para protestar por mi encierro. Las provocaciones o intentos por vencerme en el interior de la prisión estaban a la orden del día. Sin embargo, porque contábamos con el apoyo del pueblo, siempre nos mantuvimos en estado de alerta y organizábamos mítines de protesta cuando nos hallábamos en peligro inminente. Finalmente, la Asociación Cívica Guerrerense planteó la necesidad de mi liberación y ordenó la formación del primer comando armado para que se encargara de la operación.

Yo también bebo un gran trago de café y escucho sin pestañear:

- A balazos, y a plena luz del día, el 22 de abril de 1968 me resbalaron de la policía de Iguala. Durante el encuentro perecieron dos agentes y sufrió heridas de gravedad el responsable del comando, el compañero Roque Salgado, compañero que a pesar de sus heridas combatió y murió heroicamente frente a las tropas del ejército, cuando nos tendieron una emboscada en el pueblo de Icatepec, vecino de Iguala. La desigualdad numérica era elocuente: esa vez diez soldados por cada uno de nosotros. Únicamente lamentamos la muerte de Roque. Después de mi fuga, las tropas realizaron minuciosos cateos por las rancherías y tendieron un cerco táctico, pero, gracias al apoyo campesino, logramos burlarlos. Durante ocho días fuimos perseguidos por la sierra; finalmente pudo más la liebre que la zorra.

— ¿Es de carácter regional el movimiento guerrillero que usted dirige? ¿Qué fines persigue?

—La lucha que planteamos responde a imperativos de orden nacional. Aunque no inventamos el método de la guerra de guerrillas, lo consideramos como la expresión clara de la determinación y el desarrollo de la decisión revolucionaria y el medio eficiente para obtener la liberación y el bienestar de los mexicanos. Escogimos Guerrero porque conocemos la región, la hemos estudiado, y porque aquí se han agudizado con mayor rapidez los problemas que son comunes a México y a los países del llamado mundo subdesarrollado.

Alguien prepara algo de comer y llega hasta nosotros el olor.

—Guerrero es un Estado con una tradición de lucha ejemplar durante todas las épocas grandiosas de nuestro pueblo: Independencia, Reforma, Revolución, y aquí se dan las condiciones objetivas y subjetivas necesarias para librar la guerra de liberación. Lo primero que había que hacer era sentar las bases, cimentarlas y asegurar la subsistencia del movimiento guerrillero en Guerrero. Luego, proyectar las acciones armadas a escala nacional y lograr la coordinación con grupos de otros países que aspiran el mismo objetivo: el bienestar definitivo del pueblo.

El café también despide un aroma penetrante.

—Por eso, después del primer paso señalado, la Asociación Cívica Guerrerense se transformó en Asociación Cívica Nacional Revolucionaria, organismo que de hecho es la base de donde surgirán las demás organizaciones armadas y pugnarán por la unidad con otros grupos que van en pos de las mismas metas y que hoy, por la clandestinidad o el grado de desarrollo inicial, todavía no tenemos conocimiento de su existencia. Nuestros objetivos generales son los siguientes: 1) Derrocamiento de terratenientes y capitalistas pro imperialistas; 2) instauración de un gobierno popular, integrado por campesinos, obreros, estudiantes, intelectuales progresistas y pueblo trabajador en general; 3) plena independencia económica y política; 4) establecimiento de un orden de vida social justo, en beneficio de las mayorías trabajadoras de México.

Guarda silencio unos segundos y continúa:

—Buscamos también la unión a nivel internacional, con las fuerzas de otros pueblos que combaten contra el enemigo común: el imperialismo. Y en este enlace están incluidos los recursos y medios de lucha de que se disponga.

— ¿Se han dado los pasos para lograr esos enlaces?

—Por el momento, saludamos con simpatía y decisión las acciones revolucionarias del heroico Frente de Liberación Nacional de Vietnam que, en formidable demostración de espíritu de lucha, libra la batalla que agota al imperio; saludamos a los compañeros de Uruguay; a los guerrilleros de Guatemala, Venezuela, Colombia, Brasil, y desde estas montañas de Guerrero, damos la bienvenida a los movimientos revolucionarios que surjan en los demás países oprimidos y a los combatientes que los integren. Nuestra solidaridad y felicitación por su decisión de liberar a sus pueblos. Naturalmente, estamos pendientes del desarrollo victorioso de la Revolución Cubana.

— ¿Qué tendencia revolucionaria predomina en su guerrilla?

—Como revolucionario, nuestra orientación está inspirada en las realidades concretas de nuestro país, en sus problemas sin resolver, en el poder del enemigo que nos oprime. Por supuesto, creemos en la doctrina científica, que nos brinda la posibilidad de interpretar correctamente el mundo que nos rodea y los problemas sociales que lo aquejan. En cuanto a la pregunta en sí, simpatizamos con las revoluciones triunfantes en otros pueblos. Admirarnos la potencia económica y bélica de la Unión Soviética, China, Cuba y Vietnam, cuyos gobiernos, a pesar del imperialismo, conducen a sus pueblos por los caminos de la libertad y la felicidad. Por lo que se refiere a las experiencias particulares que caracterizan esas revoluciones, nuestra dirección político-militar las analiza de la manera más correcta posible, a fin de utilizar todo aquello que pueda convenir en nuestro terreno. Por el momento, no nos caracterizamos ni como pro-soviéticos ni como pro-chinos o pro-cubanos. Somos pro-mexicanos.

— ¿Qué grados militares existen en el seno de su guerrilla?

—Es lógico suponer que nuestra organización tiene que seguir un camino consecuente con la formación militar, aunque su característica es revolucionaria. Por el momento, tanto en el grupo central como en las diferentes unidades de combate, sólo hay comandantes y subcomandantes. La composición social de los efectivos actuales está integrada por demócratas sinceros y convencidos de que el régimen político dominante es incapaz de resolver los graves problemas que aquejan a las mayorías trabajadoras del pueblo. Están convencidos de que la actual situación no puede ser transformada más que por el camino armado.

_ ¿Cuál es la respuesta de los caciques de la región ante los acontecimientos guerrilleros?

—El cacicazgo se ha movilizado con notable intensidad, aprovechando el mayor número organizado de elementos humanos y dispositivos técnicos. Ayudado por el ejército, efectúa cercos y emplea el llamado "peine", que consiste en la búsqueda masiva, por parte de soldados y policías especializados, auxiliados por la Fuerza Aérea, en contra del grupo guerrillero. Por otra parte, empiezan a actuar contra el campesino a niveles represivos avanzados. El asedio al estilo aldea vietnamita se lleva a cabo en diversas regiones de Guerrero: a punta de bayoneta se concentra a los habitantes de zonas agrestes en centros de población controlables.

-¿Me podría usted dar un ejemplo de esas "aldeas vietnamitas"?

—Naturalmente. Entre otras cosas, señalaremos Tlascalistahualca, El Rincón, Tierra Colorada, y otras, enclavadas en la región indígena tlapaneca. Todas estas operaciones han sido desarrolladas por el 48 batallón de la zona militar de Guerrero. Pero eso no es todo; los caciques de la zona han acordado públicamente armar el mayor número de pistoleros, para que eliminen a nuestros simpatizantes.

— ¿Qué actitud asumiría el movimiento guerrillero que usted dirige si, como lo ha expresado en múltiples ocasiones, el presidente de México actúa con criterio nacionalista?

—Tanto para expresar nuestros puntos de vista, como para la realización práctica de nuestras acciones, los revolucionarios, los auténticos revolucionarios, nos atenemos a los hechos. A eso se debe, pues, que yo no pueda responder a su pregunta. Porque no existe nada concreto en los hechos. El licenciado Luis Echeverría llegó a la Presidencia de la República con el apoyo de los terratenientes y capitalistas pro- imperialistas, y entre lo que él dice y promete y lo que electivamente se hace, existe un divorcio absoluto. Sin embargo, existen corrientes dentro de la izquierda mexicana que piden comprensión y paciencia para con el nuevo régimen

—¿Qué opinión le merece a usted esa actitud?

- Quienes así proceden, lo hacen bajo responsabilidad propia y de acuerdo con sus conveniencias personales, sin atender a razonamientos concretos que se basen en la realidad objetiva. Los auténticos revolucionarios rechazamos lo supuesto, lo abstracto.

Por cierto, queremos precisar que nosotros deseamos la alianza con el nacionalista sincero; aquél que con honradez mantiene su posición combativa y no firma componendas o tratos "bajo el puente", como decía Gandhi.

—Pero insisto, si el presente gobierno sigue los pasos del cardenismo, ¿no teme usted que su movimiento guerrillero pudiera quedar aislado del pueblo?

—Como usted persiste en el tema, le diré que la Asociación Cívica Nacional Revolucionaria ha evaluado la administración cardenista: lo positivo y, también, lo negativo desde el punto político, económico y social. Y, en el supuesto caso que ese hecho pudiese repetirse en México, puede usted estar seguro que nuestro movimiento guerrillero sabrá asumir la posición para llevar a cabo la revolución social que se propone nuestro pueblo. Por otra parte, quiero aclararle a los pesimistas que nuestro movimiento se ha originado e impulsado en el seno de las masas trabajadoras, con el objetivo de servir a sus intereses, que son contrarios a los de la clase capitalista que llevó al poder al licenciado Luis Echeverría, quien, por su parte, despliega al máximo sus cualidades y capacidades personales para cumplir con su representación. Se habla, por ejemplo, de que impere la democracia sindical. Sin embargo, se impone a líderes deshonestos al frente de Ayotla-Textil.

—Desde su punto de vista, ¿qué tipo de guerrilla considera usted más eficiente, la urbana o la rural?

—Toda guerrilla tiene un proceso de desarrollo de acuerdo con el objetivo que se propone y las condiciones geográficas del país en que se inicia esta forma de lucha. En el caso nuestro, pudo observarse la efectividad de la operación de comando, realizada para obtener mi libertad y el repliegue natural del grupo hacia la zona rural, para eludir la persecución masiva del ejército y la policía. Esto significó con diáfana claridad que, dadas las condiciones geográficas, en México es conveniente utilizar el método de las guerrillas rurales.

— ¿Descarta usted a la guerrilla urbana?

— ¡De ninguna manera! Se busca la forma de crear una fuerza combinada entre el medio rural y el urbano, bajo el impulso natural de la que tenga mayor desarrollo.

— ¿Significa que, en México, el medio campesino es mejor que el urbano para las actividades revolucionarias?

—Lo que quiero expresar es que, por el momento, tiene más ventajas el medio rural que el urbano.

Que sigan el camino de decisión revolucionaria, integrando sus cuerpos de combate a base de comités armados de lucha.

— ¿No provocará ese llamamiento la posibilidad de que grupos de bandoleros o desordenados pongan en peligro a la revolución?

—Se presentarán casos de esa naturaleza, pero en última instancia, constituyen problemas simples y desaparecerán con una orientación clara, precisa, definida y enfocando todo interés en el propósito fundamental de hacer la revolución para beneficio del pueblo.

— ¿Qué opinión le merecen los secuestros y asaltos bancarios? ¿Son procedimientos útiles para la lucha revolucionaria?

—Por principio de cuentas, nosotros no consideramos como actos de bandolerismo las acciones por usted mencionadas. Es natural que si la burguesía cuenta con todos los elementos de riqueza y poder, pues a ella debemos arrebatárselos para incrementar la lucha del pueblo. Nos hemos responsabilizado del secuestro del banquero de Atoyac, cacique y usurero de esa región, así como también de uno de los asaltos bancarios llevado a cabo en la ciudad de México, por un grupo que opera en forma coordinada con el comando central de la sierra.

- ¿Ha considerado la posibilidad de una intervención norteamericana?

—Desde luego. Nosotros conocemos el carácter intervencionista y criminal del gobierno de los Estados Unidos. Pero nuestra lucha ha sido ideada con prevenciones orgánicas y una orientación permanente hacia la realización de guerra de cualquier tipo de intervención. Nuestro pueblo conoce ya lo que significan las intromisiones norteamericanas y debemos estar movilizados para expulsar de México, como lo hacen los vietnamitas, a las fuerzas imperialistas. De esa manera, soldado extranjero que se atreva a poner un pie en el país, recibirá la respuesta que se merece.

En esta forma concluyó la entrevista que le hice al maestro Genaro Vázquez Rojas en la sierra guerrerense. Allí estuve cinco días, analizando todos los detalles que me fueron posible y recogiendo anécdotas de los demás compañeros del maestro Genaro, quien no me puso ningún pero ni cortapisa para mi trabajo.

Hablo, por ejemplo, de 26 años de edad, quien era campesino, es un bromista natural. Su plática, sin malicia aparente, gira en torno a las mujeres y a los charros. Su pasta dental y su cepillo de dientes los carga siempre en las mochilas porque, según dice, "mis dientes deben conservarse limpios también en el camposanto".

Pablo conoce la muerte desde los doce años. Hace un par de años, en un encuentro con pistoleros de los caciques de la región que asesinaron a su padre, liquidó a todos. Maneja con destreza extraordinaria el Enrique, campesino de complexión delgada, convalecía de unas heridas en el brazo izquierdo, hechas durante un combate con pistoleros de los caciques de la región, a los que infligieron numerosas bajas. Hoy día desconfían hasta de su sombra y a nadie le da la espalda. En su lucha por conservar la tierra, tuvo que enfrentarse a los terratenientes de su pueblo, y sabiendo que donde lo encuentren lo matan, se unió a la guerrilla para combatir en el grupo que comanda el profesor, según dijo.

En la misma forma como llegué, salí de la sierra de Guerrero; salvo que para no poner en peligro a ningún combatiente se me asignó ahora como guía y medio de transporte un caballo, del cual, dijeron, era tan bueno que solito me llevaría por el monte sin que me perdiera, hasta llegar al lugar donde tendría que caminar. Efectivamente, en medio de la espesura del monte, el animal me conducía sin luz que lo guiara por el camino. Hubo ocasiones que me sentí perdido, cuando pasábamos por lugares donde iba pegado al animal y las ramas de los árboles me golpeaban la cara.

Nuevamente tuve la sensación de encontrarme perdido en las montañas, como en las selvas colombianas, porque en ocasiones mi guía desaparecía tramos largos y yo bajaba del animal, que no paraba más que lo indispensable y seguía caminando, subiendo y bajando, en lugares negros y en los cuales temía que me saldría de un momento a otro algún bicho que me mordiera o picara; en fin, la sensación de caminar en tinieblas (al igual que en el relato de Papillón) me hacía sentir indefenso. Sólo la presencia y la entereza del caballo me infundían ánimos para seguir y no temer. Al amanecer apareció el guía y me dijo que ya estaba cerca de la carretera, que en ese lugar me dejarían. Efectivamente, a lo lejos escuché el ruido de los motores y posteriormente divisé la cinta asfáltica. En un punto que desconocía pero donde me aseguraron que paraba el autobús de la Flecha Roja, esperé un rato en esa mañana fresca y no tardó mucho en pasar el transporte. Fue una parada normal.

En Acapulco cambié de camión; lo recuerdo muy bien porque el chofer se venía durmiendo y, en ocasiones parecía salirse de la carretera, con lo que todo mi trabajo habría sido inútil. Me puse a platicar con el chofer, como lo hacen los cobradores. Así se bajó un poco la sensación de miedo que llevábamos los pasajeros.

Ya en México me puse ardientemente a pasar en limpio lo grabado y lo escrito para que el trabajo tuviera la calidad que merecía tanto esfuerzo. Tardé unos quince días en mecanografiar las declaraciones del maestro Genaro Vázquez Rojas, y le solicité a Alfredo de la Rosa Olguín que me ayudara a revelar los rollos de transparencias que había tomado, pues no me atrevía a darlos a ninguna casa especializada por el lógico temor de que ésta, al enterarse de lo que se trataba, se quedara con mi trabajo o bien me hicieran pasar una mala trastada.

Mientras tanto, en el puesto de jugos y huaraches que atendía Alicia las cosas habían marchado más o lo instalé en la Y griega que forman las carreteras a las Pirámides de Teotihuacán y la que conduce a las compañías gaseras de San Juan Ixhuatepec (el mismo que se internacionalizó por la explosión del 19 de noviembre de 1984); funcionaba para que mis hijos tuvieran al menos los alimentos necesarios, en tanto yo reporteaba fuera de México.

Tan pronto tuve el texto de la entrevista y el material fotográfico, se lo presenté a Roger Menéndez, quien llevaba la dirección de la revista *¿Por qué?* Intenté también publicarlo en el diario Excélsior, para lo cual le mostré al señor Julio Sherer García parte del material; el señor Sherer me indicó que de publicar una cosa semejante lo haría con sus reporteros y fotógrafos, pero que me compraría unas diez transparencias (las mejores) al precio de $ 100.00 cada una. Me sentí muy desilusionado, pues había pensado que este reportaje, siendo de primer orden y que nadie hasta ese momento lo había hecho, significaba una primicia de antología; no era justo ser tratado en esa forma; sin embargo, por tener excelentes amigos dentro del periódico, hice de tripas corazón y no dije nada a Sherer, pero tampoco le proporcioné el material que me quería comprar a un precio que me pareció humillante, ridículo, porque no cubría ni siquiera los gastos.

La agencia AP me compró dos fotos en blanco y negro por la cantidad de $ 2,500.00 para la revista *Life- Time*. No se encontraba en México el señor Bernard Diederich, persona que me trató con una cortesía y un don de gentes extraordinario.

Recuerdo exactamente el día en que entregué al *¿Por qué?* las setenta fotografías y los escritos del reportaje del maestro Genaro. Y lo recuerdo porque ese día fue el 10 de junio, fecha que quedó ligada a los sucesos del encuentro de los halcones contra los estudiantes.

8. —LOS HALCONES VUELAN HACIA LA MUERTE

Ese día, llevando cámara y fotos de Genaro Vázquez Rojas en las maletas de mi motocicleta, al pasar por Melchor Ocampo o Instituto Técnico, exactamente frente al Casco de Santo Tomás del Instituto Politécnico Nacional, se me hicieron muy sospechosos los grupos de sujetos de mala catadura que en grupos de ocho, diez y hasta más hacían una especie de valla en estas avenidas. Y no tenían cara de estudiantes.

Sería el destino, suerte o como lo quieran llamar, que no me pararan estos individuos que veían con caras de pocos amigos a quienes pasaban por la lateral de la avenida o bien se introducían en las calles del IPN; si tan sólo a alguno se le hubiera ocurrido detenerme, el resto no lo estaría contando.

Cuando llegue con Roger Menéndez y vio el reportaje de la guerrilla se le notó la felicidad en el rostro, pero no soltó ni un clavo y eso que sabía que yo vivía de este tipo de trabajos.

Le platiqué más o menos cómo me había ido con el maestro Genaro y también le confié que tendría que sacar un dinero más, pues todos mis ahorros y viajes eran muchos y no tenía nada más con qué comprar lo que necesitaba.

Comprendía que si para la guerrilla colombiana se había gastado una fuerte cantidad en todo, lo más lógico era que no me fuera a decir lo que el señor Julio Sherer, que me bastarían con $ 1,000.00, puesto que además él tenía gente que podía cubrir ese trabajo. Por cierto que cuando lo escuché, con el aire de autosuficiencia que es propio de los directores de publicaciones importantes, lo único que dije fue que estaba bien, que lo hiciera en esa forma, que ojalá y lo pudiera lograr.

Al *¿Por qué?* tocó la exclusiva, que destacó como: EXCLUSIVA SENSACIONAL: LAS GUERRILLAS EN GUERRERO en el número 160 de la revista, con fecha 22 de julio. Más adelante relataré cómo me enteré de la aparición del reportaje en tres números consecutivos.

Comenté con Roger Menéndez lo sospechoso que me parecieron los tipos en las cercanías del IPN; él me pidió que le cubriera una manifestación que estaba programada para ese día.

Esa tarde, la del 10 de junio de 1971, apenas alcancé a llegar a una de las calles que desembocaban a San Cosme y que parten del Politécnico, cuando ya venía la marcha de estudiantes, desplegando las pancartas y alzando los puños en señal de protesta, por lo cual sólo me dio tiempo de meter la moto en un garaje que encontré atrás del cine Cosmos y, como pude con mis dos cámaras, me dispuse a efectuar las primeras tomas. Al llegar a San Cosme se oyó un alarido, supuestamente de otros estudiantes, quienes garrote en mano venían al encuentro de los manifestantes. Temeroso pero al fin necesitado de hacer mi trabajo fotográfico, empecé a disparar el obturador y cuál no sería mi sorpresa que al primero que le sorrajaron tremendo garrotazo fue al camarógrafo de la NBC, Antonio Halik, a quien sin piedad lo empezaron a garrotear y patear. Para esto, debo decir que la golpiza iba dirigida a mí, ya que las fotos que tomé fueron en el preciso momento en que el Halcón blandía su garrote a metro y medio, o dos, de mí.

En ésas estaba, cuando el compañero Francisco Zúñiga Canales me jaló al interior de una vinatería, que a gran prisa cerraba sus cortinas, saturada de manifestantes y periodistas. Transcurrieron unos minutos y lamenté estar encerrado pues la acción se desarrollaba en el exterior.

Francisco pensó lo mismo. Por lo tanto, salimos, y nuestra sorpresa fue mayúscula al presenciar el momento en que empezaban los disparos, y la manifestación que antes de resguardarnos daba visas de ser una más como cualquier otra, se había convertido en una carnicería en todas las formas. Corrimos a refugiarnos en una casa de tres pisos que tenía el zaguán medio abierto, y en su interior ya se encontraban

desolado: la marcha ya no existía y los halcones se dedicaban a golpear cuanta persona se les ponía enfrente.

Los M-l y otras armas de alto poder las poseían unos sujetos que, como lo muestran las fotos, no tenían nada de estudiantes ni mucho menos de camorristas cualquiera. Con el telefoto empecé a tomar cuanta foto pude para no perder detalle de lo que estaba ocurriendo. Pasó algún tiempo, no importa cuánto, en el que no quedó en las calles de San Cosme rastro de manifestación alguna; por el contrario, los halcones se dedicaban a romper los vidrios de autos estacionados; otros, rifle en mano, disparaban, desde sus rejas, al interior de la Escuela Nacional de Maestros. No dábamos crédito a lo que veíamos Francisco y yo, pero era verdad. Supuestamente, la policía estaba en las calles aledañas; pero permanecía impasible, a pesar de que hasta ella llegaban gente huyendo de los sujetos que, garrote o arma en mano, los perseguían. En eso estábamos Zúniga y yo cuando hasta nosotros llegó el ruido de los batazos que empezaban a desportillar la barda de la azotea.

— ¡Quítate Armando, nos están balaceando!

Por otro lado escuchamos gritos de terror de los que se quedaron abajo, tras el zaguán, y de gente que empezaba a subir en forma apresurada; Francisco y yo, sin pensarlo más, nos descolgamos por los tubos de albañal, sin reparar si nos aguantarían o no. Al llegar a la parte baja apenas nos dio tiempo de meternos bajo un portalito que había en la azotea de la casa donde caímos, cuando oímos los gritos de "esos hijos de la chingada quién sabe dónde estarán"; no nos movimos durante varios minutos hasta comprobar que no se oían voces ni ruidos. En la azotea había una puerta, la que tocamos primero despacio y después insistentemente para que los moradores de la casa nos abrieran. Al principio no escuchamos voces, pero después del consabido "quién anda ahí" nos pusimos a decirles a través de las rendijas de la puerta: "Somos periodistas, abran por favor." No escuchamos nada, pero al aguzar mejor el oído se oían murmullos de gente. Insistimos en que éramos periodistas, no asaltantes y que traíamos credenciales con qué identificarnos. Los que estaban adentro de la habitación, entonces, nos pidieron que metiéramos las credenciales por abajo de la puerta, y así lo hicimos. Después de analizar los documentos, Jorge y Gustavo, los dueños del departamento a donde habíamos llegado, abrieron. En el interior de su departamento estaban ya más de quince personas entre mujeres y muchachos estudiantes, quienes llegaron hasta ahí por la puerta de la calle y que se salvaron gracias a que desde un principio Jorge y Gustavo vieron desde su ventana todo lo que estaba ocurriendo. No comprendieron cómo fue que llegamos hasta su azotehuela, pues ésta no tema ninguna entrada que no fuera la puerta por donde ellos nos abrieron. Les explicamos que lo habíamos logrado descendiendo por los tubos de drenaje; se asombraron muchísimo, pues esos tubos no resistían ni el peso de los excrementos por lo viejos que estaban.

Ahí estuvimos alrededor de dos horas, amontonados y con la preocupación a cada instante de ser victimados por los halcones, que empezaban a tocar en todas las puertas de las casas que les parecían sospechosas. Nos producían lástima los ayes y gritos de dolor de "abran la puerta, por favor", y los toquidos insistentes a la puerta del departamento donde estábamos, pero Jorge y Gustavo, temerosos de que fuera una trampa de los halcones, nos indicaban a iodos que no pronunciáramos ni siquiera un shiss. Así transcurrió el tiempo sin ni siquiera movernos; estábamos temerosos de que los asesinos se percataran de que había gente en el interior. La escena se antojaba buñuelesca, porque todos los rostros reflejaban el miedo a ser descubiertos.

Cuando todo parecía haber acabado y en las calles ya no se oían las carreras ni los gritos de dolor, Gustavo entreabrió la contraventana; ya era de noche y la manifestación había empezado a las cinco de la tarde. Nos atrevimos a salir de uno en uno y por parejas de este refugio salvador, en compañía de la mamá de Jorge y Gustavo, que resultó ser una maravillosa persona, originaria de Juchitan, Oaxaca, y a la cual — creemos Zúñiga y un servidor— le debemos la vida. Esta buena señora nos acompañó calles adelante, llevándonos del brazo y con mis cámaras dentro de una bolsa de las que usan para el pan.

Caminábamos temerosos, pues seguramente habían destruido el automóvil de Francisco y mi moto, como habían hecho con todos los demás vehículos que estaban por ahí. Nos despedimos de la señora, que hasta nos echó su bendición para que no nos pasara nada; el peligro real había pasado, pero aún estaban dentro del campo de batalla nuestros vehículos. Mi moto la encontré intacta, pues al empezar los halcones a cometer sus canalladas, la dejé en un lugar que cerró sus puertas y así quedó fuera de su alcance.

Rodeando lo más que pude la zona de peligro porque aún detenían a los que veían con cara de estudiante o, simplemente, gente joven, llegué hasta mi casa-laboratorio e inmediatamente revelé los rollos de la película e hice las fotos en tamaño de 5 x 7 pulgadas, blanco y negro.

Cuando estaba haciendo las fotos, el regente de la ciudad, Alfonso Martínez Domínguez, apareció en las pantallas de televisión "aclarando" los hechos ocurridos. Dijo que había sido una trifulca entre los mismos estudiantes, que la policía no había intervenido para nada, que se habían peleado por ganarse los unos a los otros la manifestación, que no existían los halcones; todo en un acoso de periodistas que le reclamaban por qué se permitió que la prensa fuera victimada por los halcones, a lo que el regente —que después fue apodado "Halconso"— respondía con evasivas.

El gobierno nunca aceptó que existían los halcones, a pesar de las múltiples gráficas que se publicaron de ellos.

A las 7:30 de la mañana del día 11 de junio de 1971 entregué al portero del edificio de Time-Life las fotos donde los halcones estaban victimando a los manifestantes; así como también a otros medios.

Me publicaron muchas fotos. La que tuvo mayor éxito de todas cuantas se tomaron, fue la del halcón blandiendo el garrote con cara de feroz alegría. En diversos medios, la del halcón ametrallando la Escuela Normal Superior. El Time (dos días después de los hechos) y mi crédito como fotógrafo mexicano merecieron la mención en el noticiario de Jacobo Zabludowsky.

No les digo lo que gané en todos esos medios, porque —la verdad— muchos de ellos tomaron las fotos que mejor les parecieron y del autor ni se acordaron.

El Time fue el único que me pagó: tres mil pesos, de aquellos pesos que se fueron para no volver, como muchas de las ilusiones que con el tiempo quedan tan sólo en el recuerdo.

MI CUERPO ES AGUA HEDIONDA. ...

El recuento de mi vida había pasado.

Ignoraba qué ocurriría conmigo, en esos días debatiéndome entre ia vida y la muerte. Seguramente mi madre estaría pidiendo por mí.

Nunca fui careado con Alfredo de la Rosa, ni con ningún otro detenido. Incomunicación total. Hasta el lugar llegaba un individuo cojo, de mirada asesina, quien pretendía amedrentarme:

—Inocente. . . cabrón, qué vas a ser inocente.

Reconocí la voz de este depravado; era la misma que daba las órdenes cuando se me asfixiaba en las pestilentes aguas del llamado "pocito", lugar de tormentos policíacos. Su nombre: Jorge Obregón Lima, subjefe del Servicio Secreto. Hasta este lugar llegó también, acompañado de otros personajes que no reconocí, el jefe de la policía del D.F., el general brigadier del Ejército Mexicano Daniel Gutiérrez. Al mirarme como quien mira a una cucaracha, meneaba la cabeza reprobando mi actitud. Hasta ese momento no sabía qué se comentaba en los medios de difusión sobre mi persona, ni si estaba formalmente preso o confeso de delito alguno; por lo tanto, alcancé a decirle a Gutiérrez:

—Es mi trabajo, general.

El subjefe de la policía, el canalla que a como diera lugar quería hacerme confesar una imaginaria participación en los asaltos y demás que se me tenía preparado, para destacar a grandes titulares que de reportero sólo tenía el nombre; digo, que el temido por su crueldad, Jorge Obregón Lima, me espetó:

— Está ante el General.

Este individuo, más tarde, saldría de la corporación policíaca acusado por la prensa de ser un auténtico ladrón y asesino quien al amparo de la policía se convirtió en millonario. Su biografía debe ser espeluznante; pero sobre todo detestable, pues estuvo liado a crímenes sin nombre, como el del niño secuestrado y muerto por uno de sus cómplices, al cual, en un acto de "heroísmo", mataron al salir de un hotel de paso en la carretera a Cuernavaca los agentes al servicio de Obregón Lima.

¡No convenía que supieran que el asesino era uno de ellos!

Cuando me secuestraron estaba vestido con un pantalón y camina ligera y así permanecí 10 días, aterido de frío, primero en los separos de la D1PD y luego en los de la policía judicial. Por cierto, la misma cuyo edificio se cayó durante el terremoto de '85, y donde se encontró atado y amordazado en una de las cajuelas de los autos oficiales a un licenciado de apellido Jurado, al que tenían secuestrado con claras huellas de haber sido torturado. En paz descanse. Tuvo menos suerte que yo, si se le puede llamar así al porvenir que me esperaba.

Cuando aún permanecía dentro de estos separos y se me obligaba a prestar declaración —una tras otra—, a pesar de que no tenían una prueba contra mí, salió a la luz pública el primer reportaje de Genaro, en las sierras de Guerrero, en el número 160 del 22 de julio de 1971. El reportaje se atribuía a Agusto Velarde, reportero de quien nadie sabía nada, y el *¿Por qué?* no daba ningún dato; por supuesto se habían alterado los párrafos de la entrada, con un estilo diferente en las apreciaciones de interés humano pero no en su contenido político. Esto me desilusionó, máxime que los verdugos me miraban con más odio. . .y yo resignado, esperando que de alguna manera todo terminara.

Se me hizo repetir y repetir cómo había llegado hasta la sierra y logrado la entrevista con el hombre más buscado por los militares. El separo donde estuve no tenía cerradura, lo cual me pareció sospechoso y por ningún motivo intenté salir de él. Los verdugos eran otros desde la entrevista: se portaban amables llevándome comida, que no tocaba; sólo las naranjas las comía a gajos, para no sé qué diablos conservar. Viéndome aterido de frío, uno de los que daban los alimentos me dio, por lástima, un periódico. Nunca pensé que fuera tan importante para mi existencia colocarlo a modo de cama, al menos en mi espalda, que ya no soportaba el piso de concreto y titiritaba a más no poder. En una ocasión que la comida consistía en sopa de pescado, saqué la espina del alimento y traté inútilmente de sangrarme hasta morir, porque nada parecía derrotar mi físico a pesar de los atroces sufrimientos que padecía. Fue inútil. La espina se doblaba, me piqué lo más que pude y nada. Sabía que si me estrellaba de cabeza contra el muro, lo único que conseguiría sería hacerme más daño y finalmente de nada serviría.

Al darme cuenta de que no intentaban matarme ni torturarme de nuevo, tomé confianza y empecé a comer al menos la cuarta parte de lo que me llevaban. Después la mitad —nomás— aun cuando los agentes se turnaban para decirme que comiera, que ya todo había pasado. Gracias —de todas formas— a los verdugos que en ese entonces me pasaron periódicos viejos para, como los limosneros, dormir "caliente". Deduje— que me recuperara para nuevamente cebarse en mí. ¿Mis amigos, mi gente, qué pasaba? Me creí abandonado en el mundo de tinieblas de aquella tarde del 11 de julio.

Ahora no se me tiró al piso; se me acomodó junto con otros cuerpos, que cuando los esbirros del régimen los oían hablar, les gritaban:

—Callados. No está permitido hablar.

Nos bajaron en grupo como a las indefensas reses en el rastro. Sin miramientos, nos empujaban al grito de "caminen. . . no se detengan; empújalos tú; que no se quiten las vendas. Apúralos".

Por momentos sentí que caía e imaginé que posiblemente nos irían a matar en despoblado o echar a algún pozo. Pero no, porque escuché ruidos de ciudad; y además el trecho recorrido desde los calabozos no era largo.

Nos colocaron contra la pared y a una orden del jefe me quitaron la venda junto a otras personas que no conocía y que al igual que yo, estaban con la mirada serena, resignados.

—Comandante, le hago entrega de estos individuos —más o menos así nos entregaron a otro de los malvados.

Los periódicos, como si fueran un abrigo de lujo, me los coloqué por dentro de la camisa; luego me serían arrancados por un fulano de mirada torva y burlona, de complexión baja, que a pesar de mi lamentable estado no me permitió quedármelos aun cuando, anhelante, se lo pedí.

Nuestra nueva morada eran los separos de la policía judicial, celdas que por encontrarse subterráneas son unos congeladores, exprofeso para mantener a sus víctimas en la más completa indefensión. Aquí me la pasaba caminando de un lugar a otro a pesar de que trataba de descansar; la losa me entumía y si acaso conciliaba un poco el sueño, despertaba con los hombros congelados.

—Ese Armando Salgado, ¿quién es? —se dejó escuchar una voz la noche siguiente a mi llegada.

— ¡Yo! ¡Aquí!

— ¡Tenga, su madre le manda esto! ¡Lloré!

¡Al fin sabía algo de mi gente! ¡No estaba solo, mi madre me estaba buscando y mandaba una cobija para taparme! Me llenó de calor y de valor esa cobija, que de haberla tenido desde el principio me hubiera reconfortado y evitado las enfermedades que tiempo después se manifestaron en mi organismo, que llevado al máximo de su resistencia se minó en tal forma que quedé como un viejo desgastado, igual que los tísicos que ya no tienen remedio.

A la una o dos de la mañana se abrió la reja, dos agentes me informaron que iba a quedar libre, que me levantara. No sabía si creerles; la cuestión es que después de tantos días de medio dormir aterido por el frío, ahora que estaba protegido por la cobija que mi madre me envió, hasta soñaba.

Por falta de méritos, fui puesto en libertad junto con Armando de la Rosa Olguín, Jesús Linares Olguín, Blanca Luz Alvarado Vázquez —sobrina del profesor Genaro Vázquez Rojas—, Juana Salgado López, César Gutiérrez Flores y Guillermo García López.. Estas personas que no conocía —excepto Armando de la Rosa, que es hermano de Alfredo— salieron junto conmigo.

En la salida de los separos, varios individuos negaron tener mis credenciales de prensa y otros documentos que me fueron arrebatados al momento de mi secuestro. Se limitaron a mirarme con odio, y a decirme que diera gracias de que estaba libre.

Caminamos esa fría madrugada los que no teníamos méritos para ser prisioneros del régimen. Acompañados por mi tocayo Armando de la Rosa, supe por él mismo que había sido el conducto para que los esbirros me localizaran en mi domicilio, y después en el puesto de jugos.

La prensa en general me trató con cortesía desde el momento en que supo de mi secuestro. Doy a Excelsior las gracias por no participar de las falsas versiones. A amigos, como Marco Aurelio Carballo, quien desde el cuerpo de redactores del diario abogó porque se conociera mi paradero; al gran compañero desde Sucesos, Carlos Ferreyra, que dirigía Prensa Latina y alertó a los corresponsales extranjeros para que me ayudaran. Así lo hicieron Alan Riding, del New York Times; Marlisse Simons, corresponsal europea y muchos otros más, que en una forma u otra no permitieron que se consumara la infamia.

MURIERON LOS QUE TENÍAN QUE MORIR

El delito de lesa majestad que tanto me dañó fue una foto que le había tomado a Alfredo en uno de nuestros viajes, cuando se encontraba disparando una vieja pistola calibre 22 hacia unos matorrales; esta foto era la clave, el cuerpo del delito con que me querían involucrar en todos los atracos cometidos en la ciudad y por la cual me había convertido en el "cerebro" de la organización que pretendía cambiar el gobierno establecido.

Todos los diarios de la capital, unos en grandes desplegados, otros en mínimas notas (lógico de ellos), destacaron la consignación de siete individuos que se decían "guerrilleros": Alfredo de la Rosa Olguín, dibujante, ratificó todas sus declaraciones que aparecen rendidas en la Procuraduría. Confesó que ingresó en el grupo "guerrillero" a invitación del periodista Armando Salgado Salgado, al que dijo Olguín que admira por sus ideas políticas. Agregó que acompañó a Salgado al puerto de Acapulco cuando aquél hizo un primer intento para entrevistar a Genaro Vázquez Rojas en la sierra de Guerrero. . ." Y continúa la nota con toda la información que mentes torcidas elaboraron en las salas de prensa de la Procuraduría y de otras dependencias.

Los tormentos que padecí más el implacable frío que mi cuerpo recibió, me dejaron extenuado por un tiempo. Los reportajes que tanto trabajo y tormentos me habían costado, siguieron saliendo en la revista

¿Por qué? a nombre de Augusto Velarde.

Por sentirme muy mal, mandé a mi mujer a ver a Roger Menéndez, para que me pagara lo convenido y, además, acreditara mi trabajo sobre Genaro.

No hubo ningún dinero, ni aclaración alguna.

Los tratados bajo el puente (como decía el maestro Gandhi) los desconocía.

Días después el negocio de jugos y licuados que servía para irla pasando y en el cual estaban el refrigerador de la casa, la estufa y cuanto de valor poseíamos, fue saqueado y sólo dejaron el cascarón. Para mí todo se volvió absurdo. El absurdo era yo, que no comprendía (como dice Manuel Sánchez Pontón, en su libro El Olor a Tinta) que en esta sociedad la regla única es triunfar y nada está prohibido, salvo fracasar. Extorsionar, engañar, traicionar o matar se vale en esta jungla de asfalto. Destruir sin compasión a quien se ponga enfrente y, de alguna manera, compita o estorbe.

No lo conocía, por ello inútilmente busqué trabajo en otro medio de comunicación, pero naturalmente en ninguna parte se quería saber nada de mí. Vendí parte de mi equipo para que subsistiera mi familia, y así me la pasé meses, de un lugar a otro, tratando de colocar algún trabajo gráfico. Todo fue inútil.

Pude salir adelante gracias a Gabriel Pereyra, verdadero amigo, quien se acordó de mí y fue a buscarme hasta el poblado de San Juan Ixhuatepec, donde vivía, para ofrecerme un trabajo, que consistía en sacar las fotos oficiales del licenciado Carlos Armando Biebrich, a quien se le había postulado para gobernador de Sonora.

No sé —ni quiero saberlo— si todo fue tramado por la Secretaría de Gobernación; esto es, sacarme de la miseria en que había caído por error o por necesidad; pero lo que sí sé es que los mexicanos de hoy, al igual que los de ayer, tienen una especie de "almacén de riquezas" que año con año llenan en el centro del poblado, llevando lo mejor a dicho almacén; pero se olvidan de poner quien lo cuide, provocando que los coyotes, lobos, conejos, ratas y merodeadores de todo tipo se lleven las riquezas acumuladas. Cada año pasó lo mismo y nadie se preocupa de vigilar los tesoros, que terminan en las madrigueras de los depredadores, dejando a los demás tan sólo el cascarón, para nuevamente volver a llenarlo.

EPÍLOGO

Este libro representa relatos dramáticos de nuestro pueblo, su narración es verídica. Por medio de él, espero que quienes lo entiendan, abran su corazón y piensen en qué forma podemos levantar a México, para que se cure, se eleve y camine hacia la gloria que le espera.

ARMANDO LENIN SALGADO SALGADO

Made in the USA
Columbia, SC
08 September 2022

66526831R00102